Bibliografische Information der Deutschen Nationalbibliothek:

Die Deutsche Nationalbibliothek verzeichnet diese Publikation in der Deutschen Nationalbibliografie; detaillierte bibliografische Daten sind im Internet über http://dnb.d-nb.de abrufbar.

Impressum:

Copyright © 2016 Studylab

Ein Imprint der GRIN Verlag, Open Publishing GmbH

Druck und Bindung: Books on Demand GmbH, Norderstedt, Germany

Coverbild: ei8htz

Valentina Wieser

Mythos Einzelkind? Gängige Vorurteile und ihre Herkunft

Warum sich Paare trotz vermeintlicher Nachteile für ein Einzelkind entscheiden

2016

Inhaltsverzeichnis

Inhaltsverzeichnis 4

1. Einleitung 6

2. Definition: Einzelkinder 10

3. Kinderwunsch und Kinderzahl 11

    3.1 Gründe für Kinderlosigkeit 11

    3.2 Gründe für *ein* Kind 12

    3.3 Einzelkindeltern als unvollkommene Eltern 13

    3.4 Vom Paar zur Einkindfamilie 15

4. Bindung der Geschwisterlosen an die Eltern und Loslösung vom Elternhaus 17

5. Zufriedenheit der Einzelkinder 20

6. Was sind Vorurteile, woher stammen diese und welche Faktoren können für den Fortbestand der Vorurteile über Einzelkinder verantwortlich sein? 22

7. Welche Vorurteile über Kinder ohne Geschwister existieren? 24

    7.1 Vorurteile über den Charakter von Einzelkindern 24

        7.1.1 Introvertiertheit und Geschwisterreihe 24

        7.1.2 Egoismus und Selbstwert 28

        7.1.3 Gibt es zwischen Einzelkindern und Geschwisterkindern Differenzen in Bezug auf Störungen und Defizite, die auch noch den späteren Erziehungsstil der Einzelkinder beeinflussen? 31

        7.1.4 Sind Einzelkinder einsam? 32

        7.1.5 Sind Einzelkinder altklug? 34

        7.1.6 Sind Einzelkinder verwöhnt? 37

        7.1.7 Zwischen Überbehütung und Selbstständigkeit 39

    7.2 Vorurteile gegenüber Einzelkindern in Bezug auf Beeinträchtigungen im Kontakt mit anderen 41

        7.2.1 Unterscheiden sich Einzelkinder und Geschwisterkinder im Sozialverhalten und im Herausbilden einer Geschlechtsidentität? 41

        7.2.2 Welche unterschiedlichen Auswirkungen haben innerfamiliäre Konflikte auf Einzelkinder im Vergleich mit Geschwisterkindern? 43

        7.2.3 Der „Familiy Relation Test" 44

7.2.4 Sind Einzelkinder „liebesunfähig" (Blöchinger)? 44

7.2.5 Stimmt es, dass Einzelkinder konfliktunfähig sind? 46

7.2.6 Sind Einzelkinder weniger empathisch als Geschwisterkinder? 47

7.3 Vorurteile gegenüber Einzelkindern in Bezug auf Defizite und Unterschiede im kognitiven Bereich im Vergleich mit Geschwisterkindern 48

    7.3.1 Intelligenz und Konfluenzmodell 48

    7.3.2 Anstrengung und Erfolg 50

    7.3.3 Welche Unterschiede zwischen Einzelkindern und Geschwisterkindern gibt es in der Sprachentwicklung? 51

8. Welche Rolle spielt die Peergroup für Einzelkinder? 53

9. Fazit 55

10. Literaturverzeichnis 57

    Abbildungsverzeichnis 61

1. Einleitung

Wenn man die öffentliche Diskussion über kontinuierlich sinkende Geburtenraten und der immer kleiner werdenden Familien mitverfolgt und von immer weniger Geburten pro Frau hört, dann liegt die Implikation nahe, dass es immer mehr Einzelkinder gibt. (Vgl. Geserick 2012, S.5)
Laut den pädagogischen Psychologen Hofer et al. (2002, S. 74) waren im Jahre 1900 im Durchschnitt 5 Kinder pro Frau zu verzeichnen, im Jahre 1950 lediglich noch 2.1 Kinder und 1980 ist die durchschnittliche Kinderzahl schon auf 1.5, und 1994 schließlich auf 1,26 Kinder gesunken. Esch et al. (2005, S.41f.) zufolge ist diese Entwicklung auf die „niedrige Fertilitätsrate, die steigende Lebenserwartung und [das] Mobilitätsverhalten" (Esch et al. 2005, S.41) zurückzuführen. Zur Reproduktion der Bevölkerung bräuchte man eine Geburtenrate von ungefähr 2,1 Kindern pro Frau. Aufgrund des Geburtenrückganges gab es im Jahre 1972 mehr Todesfälle als Geburten. Nach dem Soziologen, Psychologen und Psychotherapeuten Martin Dornes (2012, S.68) lässt sich der Geburtenrückgang nicht nur durch die steigende Anzahl der Einzelkinder begründen, sondern durch die Abnahme der Paare mit mehr als drei Kindern und der Zunahme an kinderlosen Paaren.

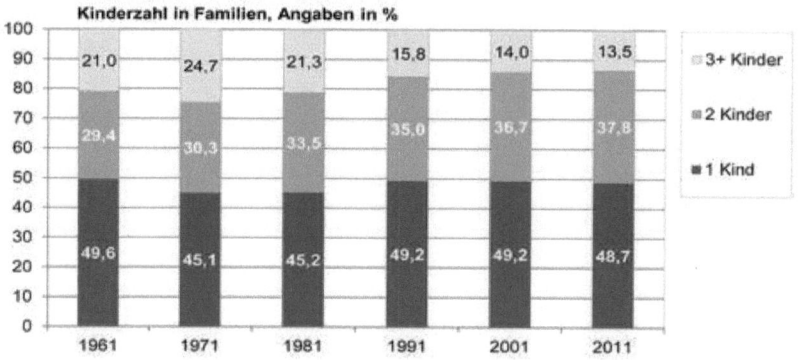

Abb.01: Geserick (2012, S.5)

Diese Abbildung 01 von Geserick (2012, S.5) zeigt sehr deutlich, dass zwei Tendenzen für die Abnahme der durchschnittlichen Kinderzahl in Deutschland und Österreich zu erkennen sind, nämlich dass es heute mehr Zweikind-Haushalte und weniger Mehrkind- Haushalte gibt. Die Anzahl der Einzelkinder hat sich über die Jahre hinweg jedoch laut Geserick nicht wirklich verändert.

Nach dem Entwicklungspsychologen und Familenforscher Hartmut Kasten (2007, S.113) beklagte man sich in den westlichen Ländern schon lange über die abnehmende Geburtenzahl. Schärer (1994, S.83) zufolge hat man Vorurteile über Einzelkindeltern, weil diese der gesellschaftlichen „Norm" von mindestens zwei Kindern nicht nachkommen. Kasten (2007, S.17) ergänzt, dass auch Einzelkinder von negativen stereotypen Vorurteilen betroffen sind, da diese oft als Kinder mit Schwächen und Mängeln betrachtet werden.

Im Gegensatz zu den Daten der Industrienationen war es in China eher umgekehrt der Fall. In China versuchte man die Zahl der Familien mit nur einem Kind zu steigern. Der Grund dafür war die Tatsache, dass sich die chinesische Bevölkerung in den Jahren zwischen 1953 und 1962 verdoppelt hatte. Um alle Einwohner und Einwohnerinnen mit existenziellen Dingen versorgen zu können, wurde 1962 die Geburtenkontrolle verordnet und ab Ende der 70er Jahre auch streng kontrolliert und gegebenenfalls bestraft. (Vgl. Kasten 2007, S.113) Wer sich nicht an die Ein-Kind-Regel gehalten hat, wurde mit niedrigeren Löhnen und überteuerten Schulkosten bestraft und in manchen Fällen wurden Paare sogar unter Druck gesetzt, sodass sie ein Kind abtreiben mussten. Hingegen wurden die Eltern, die sich an die Ein-Kind-Regel gehalten haben, unter anderem durch zusätzliches Geld und bessere Ausbildungschancen fürs einzige Kind belohnt. (Vgl. Rollin 1990, S.29) Diese seit 1979 existierende Ein-Kind-Politik in China wurde im Oktober 2015 aufgehoben, „um die schädlichen Auswirkungen auf die älter werdende Gesellschaft zu beheben und die gezielte Abtreibung […] zu reduzieren." (ZEIT ONLINE 2015) Weitere Auswirkungen der Ein-Kind-Politik waren „eine Alterung der Gesellschaft, eine Überbelastung des sozialen Netzes, selektive Schwangerschaftsabbrüche, ein Überschuss an Männern, die keine Frau finden, und ein Rückgang der Arbeitskräfte." (ORF 2015) Obwohl die Ein-Kind-Politik schon seit zwei Jahren nicht mehr so streng kontrolliert wurde und Paare, bei denen ein Elternteil keine Geschwister hatte, die Erlaubnis für ein zweites Kind erhalten haben, führte es zu keinem wie erwarteten Geburtenanstieg.

Aus verschiedensten Gründen entscheiden sich immer mehr chinesische Paare dazu, es bei einem Kind zu belassen. (Vgl. Der Standard 2015)

Nicht nur in China, sondern auch bei uns ist es so, dass es viele Familien mit Einzelkindern gibt und diese somit schon lange keiner Minorität mehr angehören. Jedoch stößt der Begriff „Einzelkind" im Alltag immer wieder auf Skepsis und negative Reaktionen. Der Terminus „einzeln" suggeriert Vorstellungen von Alleinsein und Isolation. Um diese negativ konnotierte Verknüpfung mit Einsamkeit nicht sofort herzustellen, kann man statt von Einzelkindern auch einfach von

„Kindern ohne Geschwister" bzw. „Geschwisterlosen" sprechen. (Vgl. Kasten 2007, S.9) Der Themenbereich Einzelkind ist dem Bereich der Geschwisterforschung untergeordnet und wird meist nur am Rande behandelt. Die Vorteile eines Geschwisterkindes werden oft als Nachteil eines Einzelkindes deklariert. (Vgl. Rollin 1990, S.46) Obwohl es sehr viele negative Vorurteile über Einzelkinder gibt, sind nach McGrath (1989, S.11) die Geläufigsten, dass sie angeblich „lonely [and] selfish" sind.

Wenn all diese Vorurteile zutreffen würden, müssten sowohl die westlichen Industrieländer als auch die Chinesen und Chinesinnen mit dem Eintreffen dieser Vorurteile rechnen und eine zukünftige Bevölkerung von „egoistischen und einsamen" Menschen erwarten. Die Einzelkindthematik ist definitiv en vogue, daher beschäftigt sich die vorliegende Bachelorarbeit mit gängigen Vorurteilen gegenüber Einzelkindern und vergleicht diese mit Forschungsergebnissen und Standpunkten von Experten und Expertinnen.

Die Forschungsfrage dieser Arbeit beschäftigt sich mit dem „Mythos Einzelkind" und der Frage danach, warum sich Paare für ein Einzelkind entscheiden, obwohl die vermeintlichen Nachteile eines einzelnen Kindes überwiegen. Aus dieser Forschungsfrage entstehen mehrere Unterfragen: Was sind Vorurteile und woher stammt diese Voreingenommenheit gegenüber Einzelkindern? Welche Defizite werden Geschwisterlosen unterstellt und welche Differenzen zwischen Einzelkindern und Geschwisterkindern zeigen sich wirklich in Bezug auf ihren Charakter, dem Kontakt mit anderen, der kognitiven und sozialen Entwicklung, der Sprachentwicklung und der elterlichen Erziehung?

Ebenfalls wird folgende Hypothese überprüft: „Ein [...] Vorurteil ist eine Antipathie, die sich auf eine fehlerhafte und starre Verallgemeinerung gründet. [...] Sie kann sich gegen eine Gruppe als ganze richten oder gegen ein Individuum, weil es Mitglied einer solchen Gruppe ist." (Allport 1971, S.23) Einzelkinder und manchmal auch Einzelkindeltern scheinen in der Opferrolle zu sein, da sie durch das Fehlen von Geschwistern die Erwartungen einer „normal[en]" Familie nicht erfüllen, und müssen daher boshafte Unterstellungen ertragen. (Vgl. McGrath 1989, S.18) Aus dem Grund, dass sich manche Eltern bewusst für ein einziges Kind entscheiden und bei anderen Eltern die individuelle berufliche oder gesundheitliche Situation eine Rolle spielen, gehen Eltern unterschiedlich mit ihrer persönlichen Familiensituation um und daher kann man nicht von einem „typischen" Einzelkind sprechen, das von vornherein einsam, verwöhnt, altklug, liebesunfähig, konfliktunfähig, eingebildet, egoistisch, überbehütet und introvertiert ist, sondern man muss berücksichtigen, dass milieuspezifische Faktoren die Entwicklung eines Einzelkindes viel mehr beeinflussen und ein Kind ohne Geschwister somit aus seiner Position sehr wohl auch positive Qualitäten für das spätere Leben mitnehmen kann, da es auch durch Peers ähnliche Erfahrungen machen kann. (Vgl. Kasten 2007, S.109)

Um die Fragen beantworten und die Hypothese verifizieren zu können, wird die vorliegende Arbeit die Methode der Literaturarbeit anwenden und verschiedene Positionen und Studien mehrerer Forscher und Forscherinnen vergleichen und kritisch und vorurteilsfrei analysieren.

Aus Gründen der besseren Lesbarkeit wird in dieser Bachelorarbeit jeweils die männliche und weibliche Sprachform angewendet. Es wird an dieser Stelle ausdrücklich darauf hingewiesen, dass die Verwendung dieser beiden Formen nicht weitere Geschlechtsformen ausschließen soll. Ebenfalls ist die Nennung der männlichen vor der weiblichen Schreibform frei von Bedeutung.

2. Definition: Einzelkinder

Diese Forschungsarbeit bedient sich des Terminus des „Einzelkindes", der in Alltagsdiskursen seine Selbstverständlichkeit erlangt hat, obwohl die Definition weitreichender und diverser ausfällt. Da der Terminus „Einzelkind" ziemlich diffus ist, erfolgt eine Differenzierung der verschiedenen Arten von geschwisterlosen Kindern. Einerseits gibt es Kinder, die ein ganzes Leben lang ohne Geschwister sind und auch bleiben; andererseits gibt es auch Kinder, die nur einen Teil ihres Lebens als Einzelkind verbringen und nach ein paar Jahren noch ein oder mehrere Geschwister bekommen. Des Weiteren muss man sich auch die Frage stellen, ob Geschwister, die aufgrund der elterlichen Trennung bei unterschiedlichen Elternteilen leben, als Einzelkinder bezeichnet werden dürfen, da es sich bei diesen Kindern in gewisser Weise auch um geschwisterlose Kinder handelt. Ebenfalls zu berücksichtigen sind Stiefgeschwister oder Adoptivgeschwister. Je nach Definition können diese als Geschwister bezeichnet werden, oder auch nicht. Um Klarheit zu schaffen, wurden Einzelkinder genauer definiert. (Vgl. Kasten 2007, S. 24f.)

> „'Einzelkinder' wurden bestimmt als Kinder, die eine Zeitdauer von mindestens sechs Jahren in einem- wie auch immer beschaffenen- Haushalt ohne Geschwister aufgewachsen waren." (Kasten 2007, S.25)

Folglich ist ein Kind, das bei der Geburt eines Geschwisters in die Schule geht, auch ein Einzelkind. Auch ein Nesthäkchen, das erst dann zur Welt kommt, wenn die älteren Geschwister bereits ausgezogen sind, wird als Einzelkind bezeichnet. (Vgl. Kasten 2007, S.25)

3. Kinderwunsch und Kinderzahl

Hofer et al. (2002, S.74) beschreiben die unterschiedlichen Sichtweisen auf ein Kind früher und heute. Die Bedeutung eines Kindes hat sich verändert. In Agrargesellschaften wurden Kinder nicht nur gezeugt, um einen emotionalen Nutzen daraus zu ziehen, sondern auch, um als Arbeiter am Feld zu dienen und im Falle eines Todes eines Elternteiles den Platz einzunehmen und damit oft verbunden den Hof weiterzuführen. Durch die Tatsache, dass es heutzutage Versicherungen aller Art (Lebensversicherungen, Unfallversicherungen etc.) gibt, wurde diese wirtschaftliche Zweckdienlichkeit eines Kindes reduziert. Jedoch stellt sich die Frage, welche weiteren Gründe es gibt, weshalb Frauen immer öfter kinderlos bleiben bzw. weshalb Familien kleiner werden.

3.1 Gründe für Kinderlosigkeit

Die Gründe für Kinderlosigkeit können sich sowohl auf individueller als auch gesellschaftlicher Ebene finden. Den steigenden Geburtenrückgang begründen Hofer et al. damit, dass sich immer mehr Frauen bewusst dafür entscheiden, ein Leben ohne Kinder zu führen. Ein Grund keine Kinder zu bekommen, kann unter anderem die ungenügende finanzielle Unterstützung des Staates sein. Wenn Frauen beruflich erfolgreich sind bzw. an einer Universität studieren, kann der Kinderwunsch auch oft bewusst ein paar Jahre nach hinten verschoben und in manchen Fällen sogar ganz aufgegeben werden. (Vgl. Hofer et al. 2002, S.75) Man erkennt eine Tendenz, dass eine Frau durchschnittlich weniger Kinder kriegt, wenn sie beruflich erfolgreich ist. Beispielsweise Frauen, die an der Universität arbeiten, haben am wenigsten Kinder, fast 60% der Forscherinnen zwischen 37 und 42 sind kinderlos. (Vgl. Blöchinger 2008, S.84)

Beck-Gernsheim (2006, S.115) verweist auf die Antibabypille, die es Frauen ermöglicht, ihre Kinderlosigkeit solange weiterzuführen, wie sie es möchten. Gleichzeitig hinterfragt sie dieses Warten auf den richtigen Moment für eine Schwangerschaft. Frauen warten auf den bestmöglichen Zeitpunkt, um das erste Kind zu bekommen. Darunter fallen Kriterien wie Beziehung, das Einkommen und die Wohnsituation. Für einige Frauen scheint allerdings nie der richtige Augenblick zu kommen. Außerdem erwähnt Beck-Gernsheim (1988, S.160-164), dass der Entschluss für ein Kind auch deshalb so schwer ist, weil die Entscheidung von heute aufgrund von Beziehungen, Karrierechancen und der Wohnsituation vielleicht morgen schon keine Gültigkeit mehr hat. Sie bezeichnet Einzelkinder daher als „Kopfgeburten", weil der Entschluss für ein Kind nicht plötzlich entsteht, sondern erst nach umfangreicher Recherche von Ratgeberliteratur und genauem Überdenken der persönlichen Situation. Hofer et al. (2002, S.75f.) beziehen sich auf die Ansicht von Kaufmann, nämlich dass dieses weibliche Streben nach mehr Autonomie nicht als Ablehnung einer Familiengründung betrachtet werden kann, sondern als Tatsache, dass der Sinn des Lebens nicht nur mehr darin besteht, den Fortbestand der Familie zu sichern, sondern auch einen Teil des persönlichen Glücks außerhalb der Familie zu finden. Als dritten Grund weshalb einige Paare kinderlos bleiben, erwähnen Hofer et al. die „Infertilität", also das Unvermögen, ein Kind zu zeugen.

3.2 Gründe für *ein* Kind

> „Moderne Kinder [werden] nicht mehr *für* etwas anerkannt [...], sondern *als* etwas." (Dornes 2012, S.295)

Eltern in unserer Gesellschaft müssen nicht mehr unbedingt einen ökonomischen Nutzen im Kind sehen, sondern der emotionale überwiegt. Außerdem korreliert der emotionale Nutzen eines Kindes nicht mit der Kinderzahl. Ein Einzelkind kann eine Familie also genauso erfüllen, wie mehrere Kinder es tun würden. Viele Paare stellen sich zwar eine Zukunft mit mehreren Kindern vor, aber aus verschiedenen Gründen belassen es einige bei einem Einzelkind. (Vgl. Hofer et al. 2002, S.76) Die Berufstätigkeit der Frauen ist ein Grund, weshalb viele Mütter kein zweites Kind möchten, weil ein weiteres Kind für eine emanzipierte Frau im Berufsleben bedeuten würde, dass sie noch länger nicht auf die Karriereleiter wiederaufsteigen kann. (Vgl. Kasten 2007, S.18ff.)

Die Feststellung, dass man „nur" Mutter ist, gehört nach Blöchinger zu den Gründen für *ein* Kind. Einige Mütter halten zudem den Druck nicht aus. Schlafmangel, zu geringe Wertschätzung als Mutter und verlorene Flexibilität können zusätzlich den Wunsch, es bei einem Kind zu belassen, verstärken. Daneben gibt es auch biologische Ursachen, die ein zweites Kind verhindern, zum Beispiel die „sekundäre Unfruchtbarkeit" die nach einem ersten Baby kein zweites mehr ermöglicht. Auch für die Beziehung des Paares kann diese Unfruchtbarkeit als große Zerreißprobe angesehen werden. Zu wissen, dass man sich damit abfinden muss, nur *ein* Kind zu haben, ist vor allem für jene Eltern belastend, die Vorurteile über Einzelkinder haben. Andere Paare hingegen könnten biologisch gesehen ein weiteres Kind bekommen, die finanzielle Lage lässt es jedoch nicht zu. (Vgl. Blöchinger 2008, S.86f.)

Zöllner behauptet, dass das Einzelkind die „Folge wirtschaftlicher und kalkulierender Überlegungen" (Zöllner 1994, S.22) ist. McGrath (1989, S.38f.) nennt neben dem oft hohen Alter der Mütter beim ersten Kind noch drei weitere Gründe, warum es oft bei einem Einzelkind bleibt. Manche Kinder bleiben wegen eines Todesfalles eines Elternteils Einzelkind, andere weil sich die Eltern scheiden lassen. Daher wachsen auch viele Einzelkinder nur bei einem Elternteil auf. Zuletzt entsteht ein Einzelkind auch deswegen, weil Eltern bewusst nur ein Kind haben möchten, um flexibel zu bleiben und dem Kind einen hohen Lebensstandard zu bieten.

Bei anderen Paaren ist es so, dass die Umstände für ein zweites Kind zwar gegeben wären, aber dass es bei der Geburt des ersten Kindes bereits einige Komplikationen gab, sodass „die Mutter davon traumatisiert ist und auf weitere Kinder verzichtet" (Blöchinger 2008, S.90), oder die Ärzte von einem zweiten Baby abraten. (Vgl. Blöchinger 2008, S.90) Ein weiterer Grund für *ein* Kind ist auch das Argument der Kinderbetreuung. Ein Kind kann man laut Zöllner relativ einfach bei Verwandten für einige Zeit unterbringen, bei mehreren Kindern ist das fast nicht mehr zu schaffen. Kurz nach der Geburt erfahren Eltern, wie es ist, Eltern zu sein und wie viel Aufwand ein Kind benötigt. In dieser Zeit ist der Gedanke an ein zweites Kind meist unvorstellbar. Wenn sich dann alles eingependelt hat, stellen sich viele Eltern die Frage, ob sie den gleichen Stress mit einem zweiten Kind noch einmal durchmachen wollen. (Vgl. Zöllner 1994, S.22f.) Als Einzelkind aufzuwachsen sei mittlerweile also kein Phänomen mehr, sondern fast der „Regelfall". (Vgl. Kasten 2007, S.21) Bereits der Ausdruck „having ‚children'" geht davon aus, dass man nur mehrere Kinder haben kann, daher sollte man es eigentlich „ [having] ‚child'" nennen. (Vgl. McGrath 1989, S.41)

3.3 Einzelkindeltern als unvollkommene Eltern

> "Your first?"
> "Yup."
> "Another one coming soon?"
> "Nope--it might be just this one."
> "You'll have more. You'll see."
> "At the moment, I'm not planning on it."
> "You wouldn't do that to your child. You'll see." (Sandler 2010)

Prinzipiell lassen sich nach der Psychologin und Wissenschaftsjournalistin Brigitte Blöchinger zwei Arten von Eltern unterscheiden: „Eltern, die sich bewusst und selbstbestimmt für ein Kind entscheiden, und Eltern, die durch ‚höhere Gewalt' daran gehindert werden, weitere Kinder zu haben." (Blöchinger 2008, S.83) Erstere haben sich bewusst entschieden und verspüren daher auch kein schlechtes Gewissen, die konventionelle Norm von zwei Kindern nicht erfüllt zu haben. Die beste Umgebung für ein Einzelkind ist gegeben, wenn Vater und Mutter bewusst eine Einkindfamilie sein möchten. (Vgl. Blöchinger 2008, S.83) Ein Einzelkind ist selten „ein beliebiges Kind, sondern genau das geplante und gewünschte." (Zöllner 1994, S.23)

Einzelkindeltern sind häufig einem sozialen Druck ausgesetzt. Unabhängig davon, aus welchen Gründen Paare nur ein Kind haben, erleben viele, dass in den Köpfen der Bevölkerung die kulturelle und gesellschaftliche Norm, mindestens zwei Kinder zu haben, immer noch aufrecht ist. (Vgl. Kasten 2007, S.20f.) Schärer (1994, S.83) fügt hinzu, dass das alte „Bibelwort ‚…mehret euch!" (Schärer 1994, S.83) mit Ablehnung gegenüber Eltern ohne Kind oder Einzelkindelkindern verbunden war, weil sie ihren Anteil zum „Gruppenwachstum" nicht geleistet haben. Kasten (2007, S.21) ergänzt, dass wenn jemand diesen Richtlinien, mindestens zwei Kinder zu haben, nicht folgt, er zwar nicht bestraft wird, jedoch „Befremden, Verwunderung, Besorgnis oder auch […] Unverständnis, Missbilligung und Geringschätzung" (Kasten 2007, S.21) spürt. Wie im oben genannten Dialog werden Einzelkindeltern häufig darauf angesprochen, warum sie nicht noch ein weiteres Kind bekommen. Weil sich manche Eltern eines Einzelkindes unwohl dabei fühlen, ihre Situation immer wieder rechtzufertigen, kann es dazu führen, dass sie anderen Eltern mit mehreren Kindern aus dem Weg gehen. Vielleicht ist das ein Grund, weshalb die Eltern von Geschwisterlosen manchmal als „sozial weniger kompetent, mehr auf sich selbst fokussiert, unreif, weniger freundlich" (Blöchinger 2008, S.31) bezeichnet werden.

Wenn der Sozialpsychologe Allport von der „Absonderung von Gruppen" (Allport 1971, S.31) spricht, meint er Menschen, die sich am liebsten mit solchen Leuten vereinen, deren Verhalten und Einstellungen mit den ihrigen nahezu kongruent sind. Wenn man diesen Gedanken auf Einzelkinder übertragen würde, würde das bedeuten, dass sie sich auch lieber mit Eltern treffen, die ebenfalls nur ein Kind haben und somit das dasselbe „Schicksal" teilen. Bei Eltern von Geschwisterkindern könnte es somit auch vorkommen, dass sie den Erziehungsratschlägen von Freunden und Freundinnen mit mehreren Kindern mehr vertrauen. Als Elternteil will man alles richtig machen, sodass es dem Kind bzw. den Kindern gut geht. (Vgl. Allport 1971, S.31) Allport zufolge entwickelt man „Abschirmungen in erster Linie, um das Geliebte zu schützen." (Allport 1971, S.39)

Blöchinger (2008, S.32) erklärt, dass Einkindfamilien in den meisten Fällen mehr Geld zur Verfügung haben, weil oft beide Elternteile arbeiten gehen. Laut dem DJI-Kinderpanel wächst in Deutschland „nur jedes zehnte Einzelkind […] in armen Verhältnissen auf; bei den Geschwisterkindern […] jedes fünfte Kind" (DJI-Kinderpanel 2005, zit.n. Blöchinger 2008, S.32). Manche Einzelkindeltern haben finanzielle und zeitliche Mittel und gehen mit ihrem Kind öfter ins Kino oder Theater, da diese Form von Kultur förderlich für die Schulleistung des Kindes ist. Neben dem Schulerfolg ist es vielen Einzelkindeltern auch wichtig, dass ihr Kind Verantwortung übernehmen kann und über ausreichend „Selbstvertrauen" verfügt. (Vgl. Blöchinger 2008, S.33)

Die Psychologin Mancillas (2006, S.268f.) erwähnt, dass viele Einzelkindeltern insgeheim negative Vorurteile über andere Einzelkinder haben, jedoch ihr eigenes Kind als Ausnahme sehen. Es kommt auch vor, dass Eltern nur deswegen beschließen, ein zweites Kind zu bekommen, um den Vorurteilen aus dem Weg zu gehen. Wenn Einzelkinder dieses Gefühl der Eltern spüren, kann das negative Auswirkungen auf ihr Selbstvertrauen zur Folge haben. Durch die Tatsache, dass Eltern von Geschwisterlosen Angst davor haben, dass die vorhergesagte Einsamkeit ihres Kindes eintrifft, übertreiben es viele und werden überfürsorglich.

3.4 Vom Paar zur Einkindfamilie

Es stellt sich die Frage, weshalb Eltern sich entscheiden, ein Kind zu bekommen. „Aus Mutterliebe selbstverständlich, […] [A]ber oft entsteht das Motiv, ein Kind zu gebären, aus dem unerträglichen Gefühl der Leere" (Beer 1994, zit.n. Artl 2009, S.16). Wenn Paare ein solches Gefühl der Leere in sich tragen, findet sich die Lösung nicht selten in der Idee, ein Kind zur Welt zu bringen. Das Kind, als dritte Komponente des Ganzen, existiert „bereits vor seiner Zeugung in der Phantasie von Mann und Frau, wo es Träger elterlicher Positionen ist." (Schon 1995, S.27)

Rille-Pfeiffer et al. (2009, S.35) sind Forscher und Forscherinnen am österreichischen Institut für Familienforschung an der Universität Wien und berichten von Paaren, die erzählen, dass sie es erst durch die Geburt ihres ersten Kindes geschafft haben, ein „Wir-Gefühl" zu entwickeln. Sie fühlten sich vorher zwar auch als Paar verbunden, jedoch erst mit dem Kind als Familie. Auch wenn die erste Zeit nach der Geburt des Einzelkindes oft als schön empfunden wird, wird sie von der Forschung als zwiespältig bezeichnet, denn diese Phase stellt ein „kritische[s] Lebensereignis" dar, weil das Paar erst lernen muss, sich in dieser neuen Situation zurecht zu finden. Diese anfängliche Krise führt in einigen Fällen zur Auflösung der Partnerschaft. Es stellt sich die Frage, ob diese Krise mit dem damit verbundenen Gefühlschaos vielleicht auch deswegen entsteht, weil Liebesgefühle nicht mehr nur auf den Partner oder die Partnerin gerichtet werden, sondern das Einzelkind den größten Teil der elterlichen Liebe zu spüren bekommt. McGrath beschreibt die Einkindfamilie als „circle, a threesome" (McGrath 1989, S.45), wo das Kind den nahezu gleichen Stellenwert zugesprochen bekommt wie Vater und Mutter. (Vgl. McGrath 1989, S.45)

4. Bindung der Geschwisterlosen an die Eltern und Loslösung vom Elternhaus

Der Psychologe und Psychotherapeut Lothar Schon erklärt, dass sich aus dieser „Dreisamkeit" bald „zwei neue Zweierbeziehungen" (Schon 1995, S.107) entwickeln können, indem die Eltern ihre gesamte Liebe auf das Kind projizieren, welches erst lernen muss, damit umzugehen. (Vgl. Schon 1995, S.107)

In der autobiographischen Geschichte „Als ich ein kleiner Junge war" beschreibt der Schriftsteller Erich Kästner (1957, S.97f.) einen „Konkurrenzkampf" der Eltern, der jährlich zu Weihnachten stattgefunden hat. Er spricht von einem „Drama mit drei Personen" (Kästner 1957, S.97), in dessen Zentrum er stand. Bei diesem Fest spürte er den dringenden Wunsch, Geschwister zu haben, um nicht allein die Geschenke und die gesamte elterliche Liebe aufnehmen und auch zurückspiegeln zu müssen. Die Mutter wollte das Geschenk des Vaters für das Kind übertrumpfen und umgekehrt. Wenn Mutter und Vater zwei Kinder gehabt hätten, hätten ihre Wünsche und Ziele aufgeteilt werden können, aber dies war hier nicht der Fall. Der Wunsch von Kästners Mutter war, die „vollkommene Mutter" zu werden. Und dadurch, dass sie nur ein Kind hatte, orientierte sich ihr ganzes Leben und ihre ganze Kraft nur an diesem einen Kind. Metaphorisch setzte sie alles auf eine Karte, nämlich auf das Kind, und dieses Einzelkind musste daher der „vollkommene Sohn" werden und für seine Mutter in der Schule etc. glänzen, denn er hätte es sich nicht verzeihen können, wenn seine Mutter das „Spiel" wegen ihm verloren hätte. (Vgl. Kästner 1957, S.97f.)

Wie man an diesem autobiographischen Fallbeispiel sieht, kann eine starke Bindung von Einzelkindern zu Mutter oder Vater auch negative Auswirkungen haben. Diese Szene stellt jedoch nicht den Alltag einer Einkindfamilie dar und zeigt auch nicht, dass die Mutter ihr Kind immer so sehr an sich bindet, dass es eine höhere Wahrscheinlich für Neurosen entwickelt. Es ist äußerst selten der Fall, dass das Einzelkind oder die Mutter das Gefühl haben, zu einer Einheit zu werden, die ohne den anderen nicht existieren kann. Viele Eltern haben ihren Fokus meist nicht nur auf das Kind gerichtet, sondern sehen die Bindung zum Kind als gleichwertige Komponente neben anderen elterlichen Interessen. Dieser Ausgleich der Eltern ist auch wichtig, denn eine zu starke Bindung erschwert das Loslösen in der Pubertät. Eine zu enge Beziehung ist auch dann nicht gerade förderlich, wenn sich die Eltern scheiden lassen, was bei Einzelkindeltern öfter der Fall ist als bei anderen Eltern. Für ein Einzelkind bedeutet die elterliche Tren-

nung nicht selten, dass eine der „beiden engsten [und oft einzigen] Bezugspersonen" (Blöchinger 2008, S.71) plötzlich entschwindet. Nicht nur die Scheidung wirkt sich negativ auf Kinder, in erhöhtem Maße auf das Einzelkind, aus, sondern generell elterliche Streitereien. (Vgl. Blöchinger 2008, S.70ff.)
Kinder ohne Geschwister sehen sich selbst manchmal als die „'die einzige Chance' ihrer Eltern" (Blöchinger 2008, S.48) und haben das Gefühl, all diese Wünsche wahrwerden zu lassen, die die Eltern einst hatten. (vgl. McGrath 1989, S.75) Deshalb treten sie sehr oft in jungem Alter in kompetitiven und leistungsfördernden Vereinen ein, wie z.b.: Sportvereinen und Musikschulen. Einige finden Spaß daran und empfinden den elterlichen Druck weniger als Zwang, sondern als Chance. Für andere Einzelkinder hingegen ist es eine Qual. (Vgl. Blöchinger 2008, S.48) Durch das Nichtvorhandensein von Geschwistern kann das Einzelkind dann überfordert werden, wenn alle „Erwartungen, Wünsche, Hoffnungen, Ängste und Befürchtungen auf das eine Kind" (Kasten 2007, S.97) gerichtet werden. Nach Dornes (2012, S.304) wird das Einzelkind in so einer Situation als „Juwel" betrachtet, der immer glänzen muss. Wenn das Leuchten einmal nachlässt oder ganz verblasst, dann zweifeln Eltern an ihrer Erziehung und erhöhen den Druck auf das Kind, endlich zu „funkeln".

Geschwister könnten in so einer Situation als Schutz dienen, dass nicht alle elterliche Erwartungen und Affekte auf ein Kind abzielen. Durch die Tatsache, dass Einzelkinder meist zu zweit oder dritt in einer Familiengemeinschaft leben, sind die Beziehungen untereinander umso intensiver, vor allem dann, wenn man eher wenig soziale Kontakte außerhalb der Familie hat. Für solche Einzelkinder ist es heutzutage manchmal schwer, selbst neue Freunde kennenzulernen, weil es der Terminplaner aufgrund von verschiedensten Förderprogrammen nicht zulässt. Wenn sie dann doch einmal Freunde und Freundinnen gefunden haben, kommen Einzelkinder auch öfter in die Situation als Geschwisterkinder, dass ihre Eltern einem Umzug aus beruflichen Gründen zustimmen und das Kind aus der gewohnten Umgebung und den dort aufgebauten Beziehungen gerissen wird. (Vgl. Kasten 2007, S.97f.)

Nach Dornes (2012, S.56f.) kann man die „Bindungsschwäche" so verstehen, dass die Bereitwilligkeit, eine aufrichtige bleibende Beziehung einzugehen, aufgrund steigender individualistischer Ausrichtung abnimmt. Das bedeutet nicht, dass heutzutage weniger Menschen es wagen, eine Beziehung zu führen, sondern dass sie eher dazu neigen, die Beziehung wieder zu beenden. Diesbezüglich führt der Soziologe Beck (1986, S.193f.) an, dass sich zwischenmenschliche Beziehungen im Laufe der Zeit verändert haben und dass das Streben der Eltern nach Individualisierung Auswirkungen auf das jeweilige Verhältnis zum Kind hat. Wenn der Beruf es ermöglicht, dass Eltern ihre Karriere in einer anderen Stadt fortführen können, wird das Kind bzw. die Familie in gewisser Weise als „Hindernis" gesehen. Auch wenn Beziehungen heutzutage immer offener gestaltet werden und auch auflösbar sind, bleibt Eltern selbst nach der Trennung ein vereinendes Moment, nämlich das Kind, als die „letzte verbliebene, unaufkündbare, unaustauschbare Primärbeziehung." (Beck 1986, S.194) So kann festgehalten werden, dass die Zahl der Kinder zwar zurückgeht, der Wert des Kindes jedoch steigt.

Kasten (2007, S.98) greift die Tatsache auf, dass das Einzelkind im Falle einer Scheidung oft die einzige Person ist, die der Mutter bzw. dem Vater Stabilität bietet und daher in gewisser Weise den verlorenen Partner oder die Partnerin ersetzt. Es nimmt eine so wesentliche Bedeutung ein, „dass es das ganze Leben der elterlichen Bezugsperson mit Sinn erfüllt. Die Mutter oder Vater leben allein für das Kind" (Kasten 2007, S.98). Dornes (2012, S.303f.) erwähnt, dass das Kind aufgrund seiner Position den Auftrag hat, „emotionale Bedürfnisbefriedigung zu gewähren, Freude zu machen, Lebenssinn zu stiften" (Dornes 2012, S.303).

Diese Aufgaben entsprechen keinen typischen Kinderaufgaben und werden von Dornes mit dem Terminus „Parentifizierung" dargestellt.

Weil Einzelkinder häufig in einer Familie aufwachsen, in der Diskontinuität herrscht, fällt es ihnen manchmal schwer, sich auf eine Person zu fixieren. Jenen Einzelkindern, die der Diskontinuität der Familie ausgesetzt sind, fällt es hingegen leichter, sich in der Adoleszenz abzulösen. Vor allem alleinerziehende Mütter versuchen meist ihren Beruf wiederaufzunehmen, sobald das Kind in den Kindergarten kommt und müssen schon frühzeitig lernen, ihr Kind loszulassen. Gleich geht es dem Einzelkind, das dadurch schon von klein auf lernt, selbstständig zu werden. Der Haltung der alleinerziehenden Mutter bzw. der Eltern kommt diesbezüglich ein großer Stellenwert zu. „There is a fine line between overprotection and nurturance. A lot depends on how parents apply the attention" (McGrath 1989, S.73). Vermutlich tun sich Eltern leichter, das Kind auf eigenen Beinen stehen zu lassen, wenn sie neben ihrer Aufgabe als Eltern noch weitere Aufgaben bzw. Interessen haben. (Vgl. Kasten 2007, S. 99)

5. Zufriedenheit der Einzelkinder

Dornes nennt Faktoren, die die Zufriedenheit von Kindern generell besonders begünstigen, nämlich „emotionale Wärme, keine zu starke elterliche Kontrolle, eine gute Kommunikationsqualität mit den Eltern, […] und schnelle Versöhnung nach einem Streit" (Dornes 2012, S.96). (Vgl. Dornes 2012, S.96) Kasten weist darauf hin, dass es bislang keine repräsentativen Studien über die Zufriedenheit von Einzelkindern gibt. Hauptsächlich interessieren sich Elternmagazine für die persönliche Situation der Geschwisterlosen verglichen mit Geschwisterkindern. Er bezieht sich auf die Zeitschrift ELTERN, die 2000 Kinder mit und ohne Geschwister im Alter von 8 bis 14 Jahren befragte, ob sie sich ein Leben als Einzelkind oder Geschwisterkind angenehmer vorstellen. 86% sahen eindeutige Vorteile bei Geschwisterkindern, 5% fanden ein Leben als Einzelkind besser und die übrigen 9% erkannten für beide positive und negative Punkte. Gründe dafür, dass man es als Einzelkind schwieriger hat, waren zum Beispiel, dass man bei einem Vergehen alleine von den Eltern zur Rechenschaft gezogen wird und dass man als Einzelkind andauernd die Eltern um sich herum hat, die einen bei allem beobachten. Einzelkinder nannten auch die positiven Dinge an ihrer Situation. Sie bekommen mehr Aufmerksamkeit und mehr Geschenke, da sie mit niemandem teilen müssen. Manchmal ist es auch so, dass Einzelkinder sich insgeheim Geschwister erträumen, sich aber nicht trauen, es den Eltern mitzuteilen. Diese Studie wird kritisiert, weil die Frage „Hat man es als Einzelkind oder mit Geschwistern besser?" (Kasten 2007, S.12) verhindert, dass man eigene Erlebnisse erzählen kann, sondern stattdessen sofort Vorurteile aufgreift. (Vgl. Kasten 2007, S.11f.)

Eine weitere Studie von Roberts und Priscilla Blanton-White untersuchte die Sichtweise von erwachsenen Einzelkindern im Alter zwischen 20 und 29 Jahren. Der qualitative Unterschied hierbei ist, dass alle Befragten von sich aus zu erzählen begannen und ihnen keine Vor-und Nachteile durch vorbereitete Fragen aufgezwungen wurden. (Vgl. Kasten 2007, S.15) Als positive Qualitäten vom Leben als geschwisterloses Kind wurde festgestellt, dass diese Kinder dankbar waren, dass sie sich nicht mit Geschwistern um irgendwelche Dinge streiten mussten, sich nicht die elterliche Aufmerksamkeit erringen mussten, sie schätzten auch die Zeit für sich und die finanziellen Möglichkeiten, sie hatten einen guten Draht zu den Eltern und fühlten sich viel reifer als ihre Altersgenossen. Auch wenn sich diese Einzelkinder nicht benachteiligt fühlten, wünschten sich einige einen „sibling during preadolescence to serve as a confidante who shared in the same struggles of adolescence and family life." (Mancillas 2006, S.271) Außerdem waren einige besorgt, was Themen der Zukunft betrifft. Die Vorstellung, dass sie sich einmal um die Eltern kümmern müssen, wenn diese eine Pflege benötigen, und die gleichzeitige Angst nach dem Tod der Eltern alleine zu sein, beunruhigte sie. Einige bedauerten es auch, dass sie nicht die Chance haben, „biological aunts or uncles" (Mancillas 2006, S.272) zu sein. Andere hatten das Gefühl, sie müssten den Eltern schnellstmöglich Enkelkinder bringen, weil diese Aufgabe sonst keiner übernehmen kann. (Vgl. Mancillas 2006, S.271f.)

6. Was sind Vorurteile, woher stammen diese und welche Faktoren können für den Fortbestand der Vorurteile über Einzelkinder verantwortlich sein?

Die beiden Termini „Vorurteil" und „Stereotyp" können nicht gleichgesetzt werden. Mit Stereotypen meint man Vorstellungen von Charaktereigenschaften oder Handlungsweisen, die Individuen aufgrund ihrer Angehörigkeit zu einer speziellen Gruppe zugeteilt bekommen. Stereotype dienen meist dazu, alltägliche Interaktionen mit der Umwelt zu erleichtern, indem man bestimmte Eigenschaften verallgemeinert. Vorurteile hingegen sind mit einer Wertung versehen und mit Emotionen verbunden. (Vgl. Inter-Kultur und Didaktik 2009)

Allport bezeichnet ein Vorurteil als „eine Antipathie, die sich auf eine fehlerhafte und starre Verallgemeinerung gründet. [...] Sie kann sich gegen eine Gruppe als ganze richten oder gegen ein Individuum, weil es Mitglied einer solchen Gruppe ist." (Allport 1971, S.23) Vorurteile werden vor allem, aber nicht nur, auf Menschen und Dinge bezogen, die im Alltag nicht oft vorhanden sind. Ein persönliches Erlebnis ist nicht zwingend erforderlich. (Vgl. Bergler 1976, S.105f.)

Angenommen jemand reist das erste Mal nach Finnland und wird gleich bei der Ankunft von einem Einheimischen böse angeschaut, dann entsteht schnell das Vorurteil, dass Finnen unhöfliche Leute sind. Die gleiche Generalisation kann auch vollzogen werden, wenn man beispielsweise *ein* verwöhntes Einzelkind kennenlernt. Bei solchen Urteilen wird deutlich, dass

> „unsere Vorurteile – das Resultat [...] [von] Vereinfachungsprozesse[n] von Sachverhalten sind. Dabei werden spezifische Merkmale und Bedingungen vernachlässigt, und es kommt zu einer vorschnellen und auch fehlerhaften Verallgemeinerung von Einzelerfahrungen." (Bergler 1976, S.123)

Einzelkinder werden oft mit unzähligen und vielfältigen Vorurteilen konfrontiert. Der Psychologe Stanley Hall bezeichnet Einzelkinder als „selfish, egotistical, dependent, aggressive, domineering, or quarrelsome." (Hall zit.n. Mcgrath 1989, S.20) Rollin behauptet genau das Gegenteil, nämlich dass Einzelkinder unter anderem „zufriedener, sozialer, intelligenter, geselliger, aktiver" (Rollin 1990, S.35) seien. All diese Persönlichkeitsmerkmale werden Einzelkindern aufgrund der einfachen Tatsache unterstellt, dass sie keine Geschwister haben. Diese zugeschriebenen Persönlichkeitsmerkmale sind aus jenen Zeiten zurückgeblieben, in denen Familien noch mehr als vier Kinder zur Welt brachten und ein Einzelkind selbstverständlich als ein „Phänomen" angesehen wurde. Die Beständigkeit von positiven und negativen Vorurteilen hängt generell zum einen mit dem wissenschaftlichen Forschungsstand zu diesem Zeitpunkt zusammen, aber zum anderen auch mit den intimen Verhältnissen des Forschers oder der Forscherin, der oder die die jeweilige Untersuchungen durchführt. Es kann zu Verzerrungen der Ergebnisse kommen, wenn der Wissenschaftler oder die Wissenschaftlerin selbst keine Geschwister hat, oder auch wenn er oder sie selbst Elternteil eines Einzelkindes ist. Forscher und Forscherinnen, die durch ihre biographischen Daten selbst Erfahrungen mit Einzelkindern haben, rücken die Fakten vielleicht auch unbewusst ins positive Licht, um allen anderen, aber auch sich selbst, zu beweisen, dass Einzelkinder nicht benachteiligt sind. (Vgl. Rollin 1990, S.46f.)

Kasten (2007, S.70f.) zufolge kann der Forschungsstand in dieser Thematik als kontradiktorisch bezeichnet werden, da man bei gewissen Eigenschaften (z.B. Introvertiertheit, Altklugheit) nicht klar sagen kann, ob es sich um ein positives oder negatives Merkmal handelt. Behauptungen können daher leicht verzerrt werden und auch Umkehrstudien zu den jeweiligen Vermutungen existieren. Die Forschungen über Einzelkinder und Geschwisterkinder enthalten Annahmen über die verschiedensten Persönlichkeitsmerkmale und Verhaltensweisen. Davon ließen sich keine allgemein gültigen Differenzen feststellen. Eine viel wesentlichere Bedeutung, als das Einzelkindsein an sich, haben andere Einflussfaktoren, vor allem die „Art der elterlichen Erziehung, das soziale Umfeld, die Schul- und Bildungslaufbahn, die […] Schichtzugehörigkeit und […] die Medien." (Kasten 2007, S.70)

7. Welche Vorurteile über Kinder ohne Geschwister existieren?

Die negative Voreingenommenheit gegenüber Einzelkindern ist weit verbreitet. Blöchinger zufolge war und ist das oberste Ziel der Einzelkindforschung, herauszufinden, ob sich die boshaften Unterstellungen des „Volksmund[s]" über geschwisterlose Kinder bestätigen lassen oder nicht. (Vgl. Blöchinger 2008, S.21) Einerseits beziehen sich die Vorurteile gegenüber Einzelkindern auf ihren Charakter, andererseits wird ihnen auch eine Beeinträchtigung im Kontakt mit anderen Menschen nachgesagt. Des Weiteren wird immer wieder behauptet, dass Einzelkinder im kognitiven Bereich benachteiligt sind. (Vgl. Blöchinger 2008, S.8)

7.1 Vorurteile über den Charakter von Einzelkindern

Es stellt sich die Frage, ob das Aufwachsen ohne Geschwister negative Auswirkungen auf die Entwicklung der Persönlichkeit des Einzelkindes hat und welche Rolle die Geschwisterreihe für das Einzelkind spielt. (Vgl. Blöchinger 2008, S.92) Folgende Charakterdefizite werden Einzelkindern zugeschrieben: Sie seien „introvertiert, psychisch angeschlagen, selbstsüchtig und gar narzisstisch." (Blöchinger 2008, S. 91)

7.1.1 Introvertiertheit und Geschwisterreihe

7.1.1.1 Sind Einzelkinder introvertierter als Geschwisterkinder?

Einerseits gibt es Menschen, die in sich gekehrt sind, andererseits gibt es auch Personen, die sich nach außen hin orientieren. Die meisten Menschen sind jedoch im Mittelmaß einzuordnen. „Extravertiertheit" erkennen Forscher und Forscherinnen meist am Benehmen, wie zum Beispiel Aggression, während „Introvertiertheit" auf innere Gedanken und Ängste rückgeschlossen wird. (Vgl. Kohnstamm 1990, S.74f.) Blöchinger (2008, S.91) erwähnt, dass „Introvertiertheit" eine Persönlichkeitseigenschaft ist, die sehr negativ behaftet ist und obwohl man heutzutage weiß, dass dieses Merkmal meistens von Geburt an vorherrscht, bleibt das Vorurteil des introvertierten Einzelkindes aufrecht.

Kasten (2007, S.72) widerlegt die Unterstellung, dass Einzelkinder in sich gekehrter sind als Geschwisterkinder, indem er sogar eine Antithese stellt, nämlich, dass sie extravertierter seien. Dies begründet er durch zahlreiche Untersuchungen mit verschiedenen Erhebungsmethoden, die alle zum Ergebnis gekommen sind, dass Einzelkinder aufgeschlossener gegenüber Neuem sind und größeres Interesse an menschlichen Beziehungen zeigen. Kohnstamm (1990, S.102) begründet die „größere Bereitschaft, mit anderen zusammen zuarbeiten(!)"

(Kohnstamm 1990, S.102) von Einzelkindern damit, dass Geschwisterlose als Kind nicht gelernt haben, dass man anderen vorsichtig begegnen soll. Durch die Tatsache, dass Einzelkinder in der Kindheit nie einem Konkurrenzkampf mit ihren Geschwistern ausgesetzt worden sind, gehen sie oft furchtlos auf andere zu und sind meistens sogar kooperativer als Geschwisterkinder.

Falbo führte in den 1970ern eine Studie zu Kooperation bei Einzelkindern und Geschwisterkindern durch, bei der sie verschiedene Aufgaben lösen mussten, die Zusammenarbeit voraussetzten. Einzelkinder und Geschwisterkinder nutzten zwar ähnliche Strategien, jedoch zeigt sich, dass „onlies were more likely to respond positively to a positive move by someone else." (Falbo zit. n. McGrath 1989, S.113) Falbo begründet diese Feststellung gleich wie Kohnstamm (1990, S. 102), nämlich dass Einzelkinder durch nichtvorhandene Rivalen und Rivalinnen den Beweggründen eines anderen Kindes eher vertrauen. (Vgl. McGrath 1989, S.112f.)

Auch Ernst und Angst (1983, zit.n. Blöchinger 2008, S.93) kamen in den 1980ern zum Ergebnis, dass das Vorurteil, dass Einzelkinder „introvertierter" sind als andere, falsch ist. Aufgrund der Tatsache, dass männliche und weibliche Einzelkinder bei den Persönlichkeitstests als extrovertierter bezeichnet wurden als die Erstgeborenen mit Brüdern oder Schwestern, wagten die beiden Psychiater zu sagen, dass Geschwister keinen „nachweisbaren positiven Einfluss auf die Persönlichkeit" (Ernst und Angst 1983, zit.n. Blöchinger 2008, S.93) haben. Die Annahme, dass man umso sozialer und extrovertierter ist, je mehr Geschwister man hat, kann also falsifiziert werden. Durchschnittlich schätzen sich Einzelkinder selbst als aufgeschlossener, extravertierter und interessierter an zwischenmenschlichem Kontakt ein. Durch ihre Aufgeschlossenheit und Weltoffenheit sind Einzelkinder, die diese Eigenschaften besitzen, dazu befähigt, Führungspositionen zu übernehmen. In diesem Zusammenhang wird auch erwähnt, dass Geschwisterlose sehr oft Teamleader von Peergroups und Organisationen sind. Die Antwort auf die Frage, ob Introvertiertheit bzw. Extravertiertheit auch von der elterlichen Erziehung abhängen, ist noch unklar. Außerdem wird diskutiert, welche Auswirkungen die Position in der Geschwisterreihe, auf die Persönlichkeit hat. (Vgl. Blöchinger 2008, S. 92ff.)

7.1.1.2 „Birth-order"- Welche Rolle spielt die Geschwisterreihe für Einzelkinder?

Ein kleines Kind, dessen Alter von Kohnstamm nicht genau definiert wird, ist nach Kohnstamm (1990, S.99) noch nicht in der Lage, aktiv am Leben außerhalb der eigenen Familie teilzunehmen und erlebt sozusagen nur das, dem es ausgesetzt ist. Daher kann das Familienleben als die Basis für die Entwicklung betrachtet werden, die Einfluss darauf hat, was das Kind über die Welt denkt. Das Aufwachsen innerhalb der Familie wird neben vielen anderen Faktoren durch die Kinderzahl, den Altersdifferenzen zwischen den Kindern und durch die Position in der Geschwisterreihe beeinflusst. Es geht weniger allein um die Tatsache, dass das „Kind das älteste, mittlere oder jüngste ist, sondern darum, welche Erfahrungen das Kind in dieser Stellung macht." (Kohnstamm 1990, S.99)

Es wäre falsch anzunehmen, dass Kinder durch die gleichen Dinge geprägt werden, nur weil sie in der gleichen Familie großgezogen werden. Geschwister erleben zwar ähnliche Erfahrungen, jedoch hat die Stellung in der Geschwisterreihe individuelle Auswirkungen auf die psychologische Situation eines jeden Kindes. (Vgl. Adler 1999, S.118) In dieser Reihung werden Einzelkinder zu den „Erstgeborenen" gezählt und erhalten für lange Zeit bzw. sogar für immer die ungeteilte Aufmerksamkeit der Eltern, ohne dass sie einen Rivalen oder eine Rivalin haben. Daher werden sie als „konservativ, Autoritäten zugewandt, ehrgeizig und leistungsorientiert" (Blöchinger 2008, S.95) beschrieben. Jedes älteste Kind ist eine Zeit lang ein Einzelkind und wechselt erst dann den Platz in der Geschwisterreihe, sobald ein zweites Kind nachkommt. Das Einzelkind hingegen behält seine Position und hat Adler zufolge keine Geschwister als Konkurrenten oder Konkurrentinnen, daher ist es keine Seltenheit, dass es sich oft ärgert, wenn es erfährt, dass es ein Geschwister bekommt. Sobald der Bruder oder die Schwester schließlich auf der Welt sind, erfährt das bisherige Einzelkind einen Moment der „Entthrohn[ung]". (Vgl. Adler 1999, S.118ff.) Adler vergleicht diese Veränderung mit der „Entwöhnung [des Kindes] von der Mutterbrust." (Adler 1973, S.141) Es kann diesen schmerzhaften Gefühlen vorgebeugt werden, indem das einzelne Kind vorsichtig auf die Geburt eines weiteren Kindes vorbereitet wird. Ein Einzelkind wird niemals entmachtet, sondern hat stets die Begünstigung, im Mittelpunkt zu bleiben. (Vgl. Adler 1999, S.119ff.)

Je nach Birth-order wenden Eltern nach Blöchinger verschiedene Erziehungsmethoden an. Das elterliche Verhalten bei Einzelkindern bzw. Erstgeborenen kann damit gerechtfertigt werden, dass sich die Eltern noch unsicher sind, wie sie gewisse Dinge am besten handhaben. Dadurch kommen Einzelkinder in die Situation, „mehr Eigenverantwortung zu übernehmen" (Blöchinger 2008, S.96). Mittlere Kinder genießen öfters den Vorteil, dass die Eltern inzwischen gelassener geworden sind. Die jüngsten Geschwister neigen eher dazu zu rebellieren, weil ihnen als Nestküken oftmals etwas durchgelassen wird. Je länger der Zeitraum anhält, in dem Erstgeborene ohne Geschwister aufwachsen, umso mehr orientieren sie sich an den Eltern, was dazu führt, dass Einzelkinder häufig deren konservative Einstellungen übernehmen. Des Weiteren sucht jedes Kind eine Mulde in der Familie, in der es sich entfalten kann. Wenn das Erstgeborene beispielsweise ein Ass im Sport ist, so wird das Zweitgeborene eher versuchen, sich handwerklich oder intellektuell zu etablieren, da der Bereich Sport bereits belegt ist. Anderenfalls könnte es zu Streitereien durch Konkurrenzdenken kommen. Diese Suche nach einer freien Stelle bleibt einem Einzelkind erspart. Die meisten Ergebnisse der Birth-order-Forschung muss man kritisch hinterfragen, weil zu der Stellung in der Geschwisterreihe noch weitere Faktoren, wie zum Beispiel „die unterschiedlichen Sozialisationsformen […], die Religionszugehörigkeit der Familienmitglieder, die Ethnie und die Stadt-beziehungsweise Landumgebung […], sowie die schichtspezifischen Unterschiede im Aufwachsen von Kindern." (Blöchinger 2008, S.100) kommen. (Vgl. Blöchinger 2008, S.96ff.) Weitere Faktoren, welche das Wohlbefinden eines Kindes beeinflussen, sind u.a. die Wohnverhältnisse, der Freundeskreis, die Anzahl der Schulwechsel und Krankheiten sowie Unglücke innerhalb der Familie. Jedoch wirken nicht nur äußere Einflüsse auf die Entwicklung eines Kindes ein, sondern die Gene spielen diesbezüglich eine große Rolle. (Vgl. Toman 1987, S.66ff.)

Dass Vorurteile, die den Rang in der Geschwisterreihe betreffen, immer noch weitestgehend unreflektiert reproduziert werden, zeigt eine Studie vom Psychologen und Berater Alan Stewart (2004) auf. 308 Ärzten wurde eine „Vignette" zugeschickt, die die wichtigsten Informationen eines erfundenen Klienten namens Paul zeigte, der eine Karriereberatung in Anspruch nehmen wollte und entweder als Erstgeborenes, Zweitgeborenes, Jüngstes oder Einzelkind vorgestellt wurde. Die Ärzte sollten direkt nach dem Lesen der Vignette Fragen zum weiteren Verlauf des Klienten beantworten. Sobald ein Arzt die Position des Klienten in der Geschwisterreihe erfahren hat, zeigte sich der „anchoring effect" (Stewart 2004, S.167) anhand einer änderungsresistenten Prognose. Sie griffen sofort die Klischees von Birth-order auf und fällten so ihr Urteil, ohne die aktuelle Situation des Patienten vollständig miteinzubeziehen. Und das obwohl Stewart absichtlich ein Karriereproblem als Beispiel nahm, denn bei einer Familienkrise würde Birth-order eher eine Rolle spielen. (Vgl. Stewart 2004, S.167ff.)

Zusammenfassend lässt sich sagen, dass die Position in der Geschwisterreihe für manche bedeutend sein kann, es jedoch wie überall individuelle Unterschiede gibt. Es gibt wahrscheinlich zwei Arten von Einzelkindern. Einerseits die, die ihr Dasein als Einzelkind als „prägenden Faktor in ihrem Leben" (Blöchinger 2008, S. 102) empfinden, andererseits auch diejenigen, die wissen, dass das Leben von mehreren Einflüssen bestimmt wird und die ausreichend soziale Kontakte pflegen, sodass sie es als keine Belastung sehen, ohne Geschwister zu leben. (Vgl. Blöchinger 2008, S. 100ff.)

7.1.2 Egoismus und Selbstwert

7.1.2.1 Sind Einzelkinder egoistischer, selbstsüchtiger, narzisstischer oder eingebildeter als Kinder mit Geschwistern?

Einzelkindern wird häufig unterstellt, auf das Recht zu beharren, immer im Mittelpunkt zu stehen. Wenn es im Laufe des Lebens einmal weniger Aufmerksamkeit erhält, dann fühlt es sich ungerecht behandelt und hat große Schwierigkeiten damit umzugehen. (Vgl. Adler 1999, S.124) Des Weiteren kann die negativ konnotierte Hypothese, dass Einzelkinder egoistisch seien, umformuliert werden zur Annahme, dass Geschwisterlose „selbstzentrierter" sind, aus dem einfachen Grund, dass Einzelkinder es gewohnt sind, sich mit sich selbst zu beschäftigen und dadurch eine „selbstorientiertere" Lebensweise entwickeln. (Vgl. Kasten 2007, S.72f.) Manche Einzelkinder verspüren weniger stark ein Bedürfnis, Kontakt mit anderen Menschen zu haben. Diese haben meistens lieber ein paar gute Freunde und Freundinnen, anstatt eine ganze Ansammlung von Menschen um sich. Dieses verminderte Maß an Sozialität darf nicht mit Egoismus bzw. „Egozentrismus" gleichgesetzt werden. (Vgl. Kohnstamm 1990, S.102) Menschen werden von klein auf dazu erzogen, dass Egoismus etwas Schlechtes ist. „Ein Kind, das die [...] Wünsche der Eltern erfüllt, ist ein ‚gutes Kind'; wenn sich aber weigert, dies immer zu tun, [...] wird es als egoistisch und rücksichtslos bezeichnet." (Rollin 1990, S.86) Miller (1979, S.9ff.) vertritt kleine egoistische Kinder, weil sie erklärt, dass Kinder ein „falsches Selbst" (Miller 1979, S.11) ausbilden, wenn sie nur brav den Eltern gehorchen. Sie behauptet, dass wenn ein Kind lange genug „egoistisch, habgierig, asozial" (Miller 1979, S.9) sein darf, nämlich an der Mutterbrust, es irgendwann von selbst anfängt mit anderen zu teilen und auch Freude daran hat. Ein erzogenes Kind will die elterliche Liebe nicht verlieren und wird daher schon sehr früh „geben, Opfer bringen und verzichten" (Miller 1979, S.9) erlernen.

Des Weiteren wird Einzelkindern manchmal nachgesagt, narzisstisch zu sein. Für die Psychologin und Psychoanalytikerin Alice Miller bezeichnet der Terminus „Narzißmus (!)" gleichzeitig einen „Zustand, ein Entwicklungsstadium, ein[en] Charakterzug, als auch eine Krankheit" (Miller 1979, S.8). Dieser Begriff ist auch im Alltag bereits fest inkludiert und bedeutet, dass eine Person in sich selbst verliebt ist, sich nur mit sich selbst beschäftigen will, und nicht in der Lage ist, ein

Objekt zu lieben. (Vgl. Miller 1979, S.8) Nach dem DSM-IV fühlt sich ein Narzisst selbst übertrieben wichtig und will bewundert werden, ist von der eigenen Leistung und vom Aussehen beeindruckt, fühlt sich überlegen und will daher bevorzugt behandelt werden, neigt dazu andere auszunutzen, ist wenig empathisch, verspürt oft Missgunst oder fühlt sich selbst beneidet und verhält sich eher hochnäsig. (Vgl. Saß et al. 1998, S.743ff.)

Diese möglichen Übereinstimmungen mit Einzelkindern sind jedoch kritisch zu hinterfragen. Wahrscheinlich sind die meisten Einzelkinder davon überzeugt, etwas Besonderes zu sein, da sie von den Eltern auch als so etwas gesehen bzw. bezeichnet werden. Auch wenn viele Einzelkinder gerne die Aufmerksamkeit auf sich ziehen, muss das nicht gleich pathologisch sein. Für manche Geschwisterlose ist es eine Gewohnheit, die meiste Zeit im Mittelpunkt zu stehen. Außerdem sind Geschwisterlose durchschnittlich nicht neidischer als Geschwisterkinder und die meisten sind sehr wohl in der Lage sich in andere einzufühlen. Wenn manche Einzelkinder zuerst an sich denken, kann das womöglich darauf rückgeschlossen werden, dass sie nie Geschwister hatten, denen sie den Vortritt lassen mussten. Somit ist nicht die Geschwisterlosigkeit ausschlaggebend für Narzissmus, sondern eher die Erziehung der Eltern und das Familienklima per se spielen eine größere Rolle. Ein Mangel an Liebe im Kindesalter kann sich als Narzissmus im Erwachsenenalter äußern, sowohl bei Einzelkindern als auch bei Geschwisterkindern. (Vgl. Blöchinger 2008, S.105ff.)

Einsamkeit und mangelnde Arbeit können Gründe sein, die Mütter „frustrier[en] und ‚zusätzlich' narzisstisch bedürftig mach[en]. Diese Bedürftigkeit wird durch symbiotische Umklammerung des Kindes gestillt." (Dornes 2012, S.103) Diese „symbiotisch umklammernde Mutter" (Dornes 2012, S.102) ist bei Kindern einer der Hauptgrund für die Entstehung einer narzisstischen Störung. (Vgl. Dornes 2012, S.102f.) Miller ergänzt, dass wenn das Kind hingegen das Glück hat, zufriedene und liebende Eltern zu haben, die sich „narzisstisch besetzen" (Miller 1979, S.63) lassen, dann kann das Kind einen „gesunden Narzissmus" (Miller 1979, S.61) bzw. ein Selbstgefühl entwickeln. Diesen Terminus kann man auch als „innere Freiheit und Lebendigkeit" (Miller 1979, S.61) betrachten. (Vgl. Miller 1979, S.61ff.)

Das Vorurteil, dass Einzelkinder angeblich eingebildet sind, kann dadurch aufgeklärt werden, dass es Einkindfamilien zu Zeiten des Babybooms, also ca. zwischen 1946 und 1964, besser ging als Großfamilien und sie es deswegen mit vielen Neidern zu tun hatten. In Familien mit mehreren Kindern war das Geld knapp und Intimsphäre gab es selten. (Vgl. Blöchinger 2008, S.131f.)

In den Einkindfamilien hingegen wurde der Zeit für sich allein ein großer Stellenwert zugeschrieben. In dieser Zeit konnte das Kind Hobbies wie „reading for pleasure, [in] collecting, hobbies, raising animals and pets,[in] acting, singing, and dancing, and [in] music, photography, and clubs." (Blake 1989, S.225) nachgehen. (Vgl. Blake 1989, S.225) Auch wenn diese Freizeitaktivitäten an einen typischen Einzelgänger erinnern, begründet es Blöchinger (2008, S.131ff.) damit, dass sich die Kinder der damaligen Zeit ganz einfach „dem intellektuellen Niveau ihrer gehobenen Mittelklasse-Eltern" (Blöchinger 2008, S.131) angepasst haben. Großfamilien beneideten Einzelkinder auch vor allem deshalb, weil diese typischen Hobbies eines Einzelkindes förderlich für die schulische Leistung waren. Geschwisterlose wuchsen also in einem Umfeld auf, das als eine gute Basis für die Schule diente und waren tatsächlich erfolgreicher als Kinder mit Geschwistern. Heutzutage geht die Kluft zwischen Kleinfamilien und Großfamilien nicht mehr so weit auseinander wie damals. Nach der Psychologin und Journalistin Ellie McGrath (1989, S.80f.) wirken Einzelkinder vielleicht auch deswegen als etwas Besseres, weil sie durch ihren übermäßigen Kontakt zu Erwachsenen einen beeindruckenden Wortschatz und „pseudosophistication" besitzen, welcher bei Peers nicht so gut ankommt und dazu führt, dass sie das Einzelkind manchmal eher als einen Besserwisser sehen.

7.1.2.2 Wie entwickelt ein Einzelkind ein Selbstwertgefühl bzw. Selbstbewusstsein?

„Selbstwertgefühl" meint, sich in der Gegenüberstellung mit anderen, „als überlegen oder als minderwertig" (Piaget 1995, S.88) einzuschätzen. (Vgl. Piaget 1995, S.88) „Selbstbewusstsein ist das Gefühl eigener Kontinuität in dem eigenen Existieren, losgelöst von anderen Menschen." (Kohnstamm 1990, S. 89) Im Hinblick auf Piagets Definition stellt sich die Frage, wie ein Einzelkind Selbstwertgefühl entwickelt. Es kann sich schließlich nicht mit Geschwistern vergleichen. Es stellt sich auch die Frage, ob Einzelkinder vielleicht ein erhöhtes Selbstbewusstsein besitzen, weil sie keine Geschwister haben, die sie auf den Boden der Tatsachen zurückholen; oder ob Geschwisterlose womöglich zu wenig Selbstbewusstsein haben, da sie sich nur mit den Eltern vergleichen können, die ihnen natürlich weit überlegen sind. (Vgl. Blöchinger 2008, S.110f)

Auch das Imitieren der Eltern führt nach Piaget zur Entstehung von Selbstbewusstsein. (Vgl. Piaget 1995, S.96) Blöchinger (2008, S.110f.) zufolge haben Einzelkinder weder ein zu großes „Ego", noch verspüren sie „Minderwertigkeitsgefühle". Einzelkinder müssen nicht nur mit den Eltern konkurrieren, sondern erhalten, gleich wie Geschwisterkinder, von ihnen auch das Gefühl, geliebt zu werden und etwas Besonderes zu sein. Nach außen mag das ganze womöglich als Überheblichkeit gedeutet werden, jedoch schafft dieses positive Basisgefühl, sich selbstbewusst zu fühlen. Nach McGrath (1989, S.151) ist dieses Wissen, etwas Besonderes zu sein, dann am förderlichsten, „when it is an inner conviction that is no obvious to others." (McGrath 1989, S.151) Blöchinger (2008, S.112) zufolge entsteht Selbstbewusstsein nicht nur in der Gegenüberstellung mit anderen, sondern auch in Momenten, wo man die Möglichkeit hat, alleine in sich zu gehen und den Tag Revue passieren zu lassen. Solche Momente bieten sich Einzelkindern sehr häufig.

Die Soziologen Veenhoven und Verkuyten (1989, S.6) stellen fest, dass sich in der Persönlichkeitsentwicklung von Einzelkindern keine Unterschiede zu Geschwisterkindern zeigen. Ihr „ideal self", also das was ihnen wichtig ist, wie zum Beispiel gute Noten oder hervorragende sportliche Leistungen, sind gleich wie die von Geschwisterkindern. Im „social self" zeigt sich, dass Einzelkinder öfter das Gefühl verspüren, dass ihre Eltern, Freunde und Freundinnen sie als unsportlich oder eher unbeliebt bei Altersgenossen sehen. Wie sich Einzelkinder selbst sehen, wird als „real self" bezeichnet. Manche Einzelkinder sind selbst nicht so mit ihrem Aussehen zufrieden und fühlen sich sportlich unfähiger als andere. Allerdings konnten ihre persönlichen Einschätzungen nicht nachgewiesen werden.

7.1.3 Gibt es zwischen Einzelkindern und Geschwisterkindern Differenzen in Bezug auf Störungen und Defizite, die auch noch den späteren Erziehungsstil der Einzelkinder beeinflussen?

Einzelkindern wurde schon früher unterstellt, einen psychischen Nachteil aus ihrer Situation zu ziehen. 1898 führte der Psychologe, Psychiater und Sozialarbeiter Bohannon eine der ersten populären Studien über Einzelkinder durch. Es ging um die Wesensart von Geschwisterlosen, die mit Adjektiven beschrieben werden sollte. Die Eigenschaft, die am öftesten (über 130 mal von 250) erwähnt wurde, war „nervös" (Bohannon zit. n. Blöchinger 2008, S.114) und wurde als einzige öfter als 42-mal aufgezählt. Diese Studie ist in zweifacher Hinsicht kritisch zu hinterfragen. Einerseits wird nicht explizit erwähnt, wie der Terminus Nervosität definiert wird, und andererseits handelt es sich bei den Zuschreibungen um subjektive Meinungen zu einer Zeit, in der eine Einkindfamilie als etwas Anormales betrachtet wurde. (Vgl. Blöchinger 2008, S.114f.)

Der Psychiater Angst stand dem Ergebnis skeptisch gegenüber und führte in den 70ern ebenfalls eine Studie mit ungefähr 8000 jungen Erwachsenen durch und fand heraus, dass es keine Korrelation zwischen „Birth order und dem Risiko, eine psychiatrische Behandlung zu benötigen" (Angst, zit. n. Blöchinger 2008, S.116) gibt. (Vgl. Angst zit.n. Blöchinger 2008, S.116)

Auch die Ergebnisse der Studie von Marleau et al. (2004, S.276) bestätigen, dass es in Bezug auf psychische Störungen keine Differenz zwischen Einzelkindern und Kindern mit Geschwistern gibt. Die Thesen, dass Geschwisterlose oft psychische Störungen und Verhaltensauffälligkeiten zeigen würden und dass Einzelkindeltern überbehütend seien, konnten nicht bestätigt werden. Allerdings fanden sie etwas anderes heraus, nämlich dass „child's age and mother's childrearing attitudes" (Marleau et al. 2004, S.176) eine existentielle Rolle spielen, wenn es darum geht, ob das Kind eine Störung entwickelt oder nicht. (Vgl. Marleau et al. 2004, S.276)

Kasten (2007, S.77f.) bezieht sich auf die These von Greenberg, die davon ausgeht, dass Eltern ihre Kinder auf die gleiche Weise erziehen, wie sie selbst erzogen worden sind. Aus diesem Grund haben es Einzelkinder scheinbar auch so schwer, wenn sie selbst einmal mehrere Kinder haben. Vor allem in Konfliktsituationen, in denen sie Partei ergreifen müssten, würden ihnen die Erfahrungen fehlen, da sie in solchen Situationen kein Vorbild haben, an das sie sich erinnern können. Kasten weist darauf hin, dass Eltern, die selbst Einzelkind sind, nicht unsicherer in der Erziehung sein müssen als Eltern mit Geschwistern, denn diese Einzelkinder können im Laufe ihres Lebens andere ähnliche Erfahrungen, zum Beispiel mit Freunden und Freundinnen oder Bekannten, gesammelt haben, auf die sie sich berufen können und die ebenso prägend sein können.

Im Vergleich dazu weist Dornes (2012, S.98) Zahlen auf, die die Annahme, dass Eltern ihre Kinder gleich erziehen, wie sie selbst erzogen worden sind, nicht zur Gänze untermauert. Im Jahr 2006 wollen 27% der Eltern nicht so eine Erziehung anwenden, die sie selbst erfahren haben. Fast die Hälfte aller Kinder, die eine stark autoritäre Erziehung erlebt haben, will selbst eine komplett andere Erziehungsmethode anwenden.

7.1.4 Sind Einzelkinder einsam?

McGrath (1989, S.122f.) fragt sich, warum, obwohl unzählige Menschen alleine leben, ausgerechnet Einzelkindern unterstellt wird, „lonely" zu sein. Schließlich gibt es auch Geschwister, die nichts miteinander zu tun haben wollen und somit auch auf sich allein gestellt sind. Sie kritisiert auch die Gesellschaft, die ständig vor den Gefahren des Alleinseins warnt; sogar in Märchen wie Rotkäppchen oder Cinderella wird die Rolle des Einzelkindes als Einzelgänger beschrieben, der zu

„introspection" neigt. Blöchinger (2008, S.79) erklärt, dass auch wenn das Einzelkind viele Dinge alleine machen muss, diese alleinige Tätigkeit nicht unbedingt mit einer einsamen Aktivität gleichgesetzt werden kann. Untertags haben Einzelkinder mit nahezu gleich vielen Leuten Kontakt wie Geschwister, nämlich mit ca. 6. Sie kennen zwar durchschnittlich weniger Menschen als Geschwister es tun, jedoch haben sie zu denen, die sie kennen, meistens einen häufigeren und besseren Kontakt. Wie bereits erwähnt, sind Einzelkinder in Schulklassen eher unbeliebt, obwohl sie gleich viele Freunde und Freundinnen haben. Das lässt sich darauf zurückführen, dass es verschiedene Ausprägungen „sozialer Kompetenz" gibt. Die Fähigkeit, mit einer Gruppe klar zu kommen, ist eine andere, als die „Zweierkompetenz". Somit ist es nichts Anormales, dass manche Einzelkinder in der Lage sind, einzelne Freundschaften sehr gut zu pflegen, jedoch vor größeren Gruppen sich öfters etwas unbeholfen fühlen. McGrath (1989, S.128) ergänzt, dass es zwar Einzelkinder gibt, die über Einsamkeit klagen, diese jedoch nicht auf fehlende Geschwister zurückzuführen ist, sondern auf Probleme innerhalb der Familie.

Asher et al. (1985, S.500) beschäftigten sich auch mit dem Thema Einsamkeit und fanden heraus, dass unbeliebte Kinder sich einsamer fühlen als beliebte Kinder. Allerdings fügten sie hinzu, dass man zwischen zwei Arten von unbeliebten Kindern unterscheiden muss, nämlich den „rejected children" [abgelehnten Kindern] und den „neglected children" [vernachlässigten Kindern]. Laut Blöchinger trifft es nicht zu, dass Einzelkinder von anderen Mitschülern und Mitschülerinnen prinzipiell abgelehnt oder vernachlässigt werden, sondern nur als unbeliebter bewertet werden. Viele Einzelkinder finden dies nicht schlimm und bezeichnen sich selbst als gleich „sozial" wie andere. Man kann den negativ behauchten Terminus der Einsamkeit auch von einer anderen positiveren Seite aus betrachten. (Vgl. Blöchinger 2008, S. 80)

> „Im Alleinsein wurzeln Möglichkeiten zum Untätigsein-Dürfen, Phantasieren, Nachdenken, zum vorläufigen Annehmen und Betrachten von noch Ungewohntem: zur inneren Verarbeitung, vielleicht gar zur schöpferischen Musse (!)." (Schärer 1994, S. 83)

Für McGrath bietet Zeit für sich „a chance [...] to recharge emotional batteries." (McGrath 1989, S.130) In der Kindheit fühlen sich Einzelkinder selten allein, weil meist Spielkameraden in der Nähe sind. In der Pubertät fühlen sich manche Einzelkinder am ehesten einsam. In dieser Zeit wünschen sich einige Einzelkinder Geschwister, mit denen sie Konflikte mit den Eltern und den Auszug aus dem

Elternhaus besprechen können und die ihnen helfen „die eigene Entwicklung zu verstehen und das Familienleben zu bewältigen." (Blöchinger 2008, S.80f.) Als Einzelkind entwickelt man „Strategien", wie man allein mit Problemen umgeht. Für die Zukunft können viele Geschwisterlose dann gute Voraussetzungen haben, denn durch ihren meist besseren schulischen Abschluss, ihrer erhöhten Präferenz für „Zweierbeziehungen" und ihrer wohlüberlegten Familienplanung kann es bei den meisten Einzelkindern sowohl im Berufsleben als auch in der Partnerschaft gut laufen. Der Gedanke an ein Gefühl der Einsamkeit kommt manchmal erst dann wieder hoch, wenn es darum geht, wer die alten Eltern pflegen wird. Im Gegensatz zu Geschwistern weiß das Einzelkind ganz genau, wer diese Aufgabe zu übernehmen hat. (Vgl. Blöchinger 2008, S.82)

Kasten (2007, S.67) fügt ein Ergebnis einer amerikanischen Untersuchung hinzu, das besagt, dass auch Geschwister diesbezüglich nicht unbedingt einen Vorteil haben, da meist „nur ein Geschwister, meist die älteste Schwester oder das geographisch nächste Geschwister, die Hauptverantwortung für die Unterstützung und Versorgung der alten Eltern trägt." Auch Blöchinger (2008, S.81f.) bestätigt, dass meistens nur ein Geschwisterteil die Fürsorge der Eltern übernimmt. Durch die Tatsache, dass Einzelkinder schon oft alleine Krisenstrategien entwickelt haben, fällt es ihnen auch in dieser Situation nicht unbedingt schwer, sich mit den Eltern zu arrangieren bzw. gegebenenfalls sich Hilfe von Freunden, Freundinnen oder Verwandten zu holen. Auch nach dem Tod der Eltern brauchen Einzelkinder sich nicht vor der Einsamkeit fürchten, denn, „wer wie die meisten Einzelkinder ein Leben lang enge Freundschaften pflegt und um den Wert guter Freunde weiß, verliert im Alter diese Fähigkeit nicht plötzlich." (Kasten 1995 zit.n. Blöchinger 2008, S.82)

7.1.5 Sind Einzelkinder altklug?

Wenn man von einem altklugen Einzelkind spricht, denkt man nach Blöchinger (2008, S.24) an ein Kind, das eine „unübliche Frühreife" an den Tag legt, die für dieses Alter untypisch ist. Das Verhalten und die Sprache der Kinder erinnern einen nicht an ein Kind, sondern an einen Erwachsenen. Ein etwas neuerer Terminus „erwachsenenorientiert" meint im Prinzip dasselbe.

Einzelkinder orientieren sich „durch die teilnehmende Beobachtung an ihren Eltern" (Toman 1987, S.32), weil sie keine Geschwister haben, an denen sie sich ausrichten könnten. Dadurch, dass Einzelkinder nur ihre Eltern zur Verfügung haben, kann es durchaus passieren, dass diese Kinder altklug werden, wobei Blöchinger (2008, S. 24) den Fokus auf den zweiten Wortteil legt, nämlich „klug", weil sie anderen Gleichaltrigen mit Worten überlegen sein können. Diese Dominanz hat etwas mit Selbstbewusstsein zu tun, das „aus dem Bewusstsein einer Ähnlichkeit zwischen den Gesten anderer Personen und denen, die vom eigenen Körper ausgehen" (Piaget 1995, S.96) entsteht. (Vgl. Piaget 1995, S.96)

Blake (1981, S.47) ergänzt, dass Einzelkinder „more mature, socially sensitive, tidy, and ‚cultured'" (Blake 1981, S.47) sind als Geschwisterkinder. Einzelkinder versuchen nicht nur die elterliche Sprache zu imitieren, sondern das ganze Verhalten nachzuahmen. Rollin (1990, S.20) zufolge liegt das einerseits daran, dass das nähere Umfeld der Einzelkinder oft nur aus den Eltern und den Freunden und Freundinnen der Eltern besteht, andererseits auch daran, dass sie sich „dem einen Elternteil gegenüber wie dessen Partner [verhalten], beim Vater also wie dessen Ehefrau und bei der Mutter wie deren Mann." (Rollin 1990, S.20) Daher interessieren sich Geschwisterlose auch häufig für „Science, mathematics, music, and literary fields" (Blake 1981, S.47). Geschwisterkinder hingegen favorisieren weniger solche Aktivitäten, die man allein ausüben kann, sondern bevorzugen gruppenorientierte Hobbies. Wer eine Abneigung gegen altkluge Kinder hat, wird das nach Blöchinger vermutlich damit begründen, dass diesen Kindern sozusagen „zu früh die Kindheit geraubt" (Blöchinger 2008, S.25) wird. Es stellt sich die Frage, was als eine angemessene Kindheit bezeichnet wird. Früher sprach man dann von einer typischen Kindheit, wenn ein Kind gemeinsam mit anderen viel in der frischen Luft war und sich dadurch „gesund" entwickeln konnte. Dieses Kindheitsideal kommt heutzutage allerdings nur noch selten vor. Das liegt einerseits daran, dass viele Kinder nicht die Chance haben, Natur um sich zu haben, weil sie in der Stadt leben, aber auch die Gesellschaft und somit das Umfeld von Kindern komplett anders ist als früher. Statt dem gemeinsamen Toben im Freien besuchen Kinder nun oft Freizeiteinrichtungen, die von den Erwachsenen organisiert worden sind. Dadurch dass solche Tätigkeiten, wie zum Beispiel „vom Babyschwimmen über den Ballettunterricht zum Fechtklub" (Blöchinger 2008, S.26) von Erwachsenen geleitet werden, sind Einzelkinder nicht mehr die einzigen, die ihr Leben auf erwachsene Personen ausrichten. Diese aktuelle Tendenz der wachsenden Freizeitangebote stellt sich als ein Bonus für Geschwisterlose dar, denn für die Ausübung gewisser Aktivitäten in einem Club brauchen sie keine Geschwister, weil sie genügend Kinder um sich haben. Wenn heutzutage also jemand kritisiert, dass Einzelkinder nur deswegen altklug werden, weil sie oft mit Erwachsenen zusammen sind, dann muss kritisch hinterfragt werden, ob Geschwisterkinder sich nicht auch in der gleichen Situation befinden. Nichtsdestotrotz kann es zu Schwierigkeiten kommen, wenn Einzelkinder sich nur mit Erwachsenen beschäftigen, nämlich dann, wenn andere Kinder mit Einzelkindern typische „Kinderspiele" spielen möchten. (Vgl. Blöchinger 2008, S. 25-29)

„Eltern können ihrem Kind nur zeigen, wie man erwachsen wird. Wie man ein Kind bleibt, können sie ihm nicht beibringen." (Rollin 1990, S.163)

Auch McGrath (1989, S. 49) ist der Meinung, dass Eltern das Alter des Kindes manchmal aus dem Auge verlieren, wenn sie gewisse Familienaktivitäten planen, da das Kind nahezu ebenbürtig wirkt. Einzelkinder würden Rollin zufolge manchmal lieber auf das Spielen verzichten, weil sie sich unbeholfen fühlen, wenn sie beispielsweise die Laute eines Tieres nachahmen sollten oder mit einem Freund wild herumspringen sollten. Eltern können sich zwar als Stellvertreter für Geschwister anbieten und „als Pferdchen vor dem Kind herlaufen oder sich als Kutscher antreiben lassen" (Rollin 1990, S.64), jedoch empfinden das viele Einzelkinder als „peinlich". Sie bevorzugen es stattdessen, mit den Eltern bzw. generell mit Erwachsenen am Tisch sitzen, diese zu beobachten und interessantes Wissen aufschnappen. Der Psychologe Michael Cöllen sieht eine große Chance darin, wenn Einzelkinder an solchen erwachsenen Gesprächsrunden teilnehmen dürfen, denn er bezeichnet es als tollen Lernort. Früher wurde von Kindern zumeist erwartet, dass sie schweigen, wenn Erwachsene im Gespräch waren. Heutzutage erlauben es gesellschaftliche Konventionen vermehrt, dass Kinder an der Unterhaltung teilnehmen dürfen, da sie sehr lernfähig sind und auch in der Lage sind, auf Beiträge von Erwachsenen zu reagieren bzw. diese zu beurteilen. (Vgl. Rollin 1990, S.164ff.) Einige Einzelkinder fühlen sich in einer Erwachsenenrunde auch „privileged to be a part of this world." (McGrath 1989, S.66)

Nach Dornes zeigt sich die „Kindzentriertheit der elterlichen Kommunikation" (Dornes 2012, S.198) darin, dass Eltern mit dem Kind über Erlebnisse sprechen und ihre Meinung zu manchen Ereignissen wissen wollen. Dabei machen es Eltern vom Alter des Kindes und von der Angelegenheit per se abhängig, ob ein Thema für das Kind geeignet ist oder nicht. (Vgl. Dornes 2012, S.298)

Diese Gewohnheit findet ihren Fortgang meistens in der Schule, denn auch dort ist es oft der Fall, dass sich Einzelkinder lieber mit Lehrern unterhalten, anstatt in der Pause mit den Klassenkameraden herumzutoben. Wenn ein Kind fast ausschließlich Kontakt zu Erwachsenen hat, kann es durchaus sein, dass es große Mühe hat, sich mit Gleichaltrigen, in dem Fall den Mitschülern und Mitschülerinnen, zu verstehen. (Vgl. Rollin 1990, S.114 und McGrath 1989, S.81) Der Schuleintritt ist für Einzelkinder daher oft schwerer als für Geschwisterkinder, weil sie

vom Lehrer nicht die gewohnte Aufmerksamkeit bekommen. Manche Einzelkinder versuchen den Lehrer für die eigenen Interessen zu begeistern und dadurch ins Gespräch zu kommen. Dieses Verhalten wird von anderen Kindern oft als Strebertum bezeichnet. (Vgl. Toman 2005, S.32f.)
„Die Spielregeln, nach denen sie bei Erwachsenen ins Rampenlicht rücken, sind ihnen [...] vertraut. Doch Gleichaltrige [...] verderben [...] das Spiel." (Rollin 1990, S.114) Dieser Hang zum Erwachsensein und ihre „Vorliebe für Ältere" (Blöchinger 2008, S.30) haben auch ihren Vorteil. Wenn jemand geübt darin ist, mit Erwachsenen umzugehen, dann wählt er gegebenenfalls auch einen Beruf, in dem er viel mit Erwachsenen zu tun hat und dadurch hervorragende Arbeit leistet. Das gilt natürlich für Einzelkinder und Geschwisterkinder. (Vgl. Blöchinger 2008, S.29f.) Nach dem Psychologen Toman (2005, S.34) verbringen Einzelkinder auch im späteren Leben lieber Zeit mit „älteren, ‚höher gestellten' oder [...] altersnahen Personen, die ihnen väterlich oder mütterlich entgegenkommen." (Toman 2005, S.34)

7.1.6 Sind Einzelkinder verwöhnt?

Frick (2001, S.21-27) zufolge basiert „Verwöhnung" primär auf der Tatsache, dass Eltern dem Kind zu wenig zutrauen und ständige Zweifel und Überbesorgnis zeigen. Dazu gehört auch die Bereitschaft, Aufgaben des Kindes lieber selbst zu übernehmen, weil man befürchtet, dass es das Kind selbst nicht schaffen könnte. Verwöhnung bedeutet außerdem, das Kind mit Beschenkungen zu überschütten und zu übertreiben, wenn es um die Intelligenz oder Schönheit des Kindes geht. Verwöhnende Eltern versuchen ihrem Kind jegliche Momente der Frustration zu ersparen. Es spricht nichts gegen den Schutz und den Trost der Eltern, aber dies sollte Grenzen haben. Eltern machen oft den Fehler, ihrem einzigen Kind keine Grenzen zu setzen, weil sie beispielsweise als Kinder selbst zu viele Einschränkungen erlebt haben und es beim eigenen Kind „besser" machen wollen. Fest steht, dass Verwöhnung facettenreich ist und nicht jedes verwöhnte Kind gleich verwöhnt wird. Es hat auch etwas damit zu tun, ob ein Kind täglich nach den oben genannten Punkten behandelt wird, oder es sich um besondere Anlässe handelt. McGrath zufolge kann sich Verwöhnung in „Presents, attention, support, opportunities" (McGrath 1989, S.70) zeigen. Sie erklärt sich dieses verhätschelnde elterliche Verhalten dadurch, dass etwas im Status des Einzelkindes zu „watchfullness and adoration" (McGrath 1989, S.73) führt. (Vgl. McGrath 1989, S. 70ff.)

Blöchinger erwähnt, dass es ungerecht ist, nur den Einzelkindern zu unterstellen, eine verwöhnende Erziehung zu genießen, denn die Thematik der Verwöhnung ist mittlerweile eher ein „Massenphänomen der ersten Welt" (Blöchinger 2008, S.62), das auf viele Kinder zutrifft. Eltern mit einem guten Einkommen können es sich leisten, ihre Kinder mit ausreichend Materiellem auszustatten. Obwohl weniger manchmal mehr wäre, investieren Eltern viel Geld, um das Kind gut zu fördern. Besonders bei Einzelkindeltern kommt es vor, dass sie die nichtvorhandenen Geschwister durch genügend Materiellem ersetzen wollen. Es ist auch keine Seltenheit, dass Eltern ihre eigenen Anliegen in den Hintergrund stellen und zuerst für ihr einziges Kind da sind. Einzelkinder spüren dieses „Gefühl des Privilegiertseins" (Blöchinger 2008, S.68) oft von Anfang an und wissen somit, dass ihre Eltern immer für sie da sein werden und Unterstützung bieten, egal was kommt. Dieses Gefühl tut gut und ist eine hervorragende Basis für das Leben. (Vgl. Blöchinger 2008, S.62-68)

Rollin sieht dieses positive Grundgefühl des andauernden Beistandes skeptisch, denn das Wissen, dass immer jemand zur Unterstützung da sein wird, kann auch eine Last für dieses Kind bedeuten. Das Kind kommt so nämlich nur partiell in die Lage, sein Leben selbst in die Hand zu nehmen, selber für etwas Verantwortung zu übernehmen und alleine Probleme zu lösen. „Große Verwöhnung macht abhängig von dem, der sie gewährt." (Rollin 1990, S.206) Des Weiteren führt diese Abhängigkeit dazu, dass Einzelkinder oft das ganze Leben lang „Liebesschulden" haben und glauben, im gleichen Ausmaß für ihre Eltern da sein zu müssen, wie die Eltern es für sie waren. Aus dem Grund, dass keine Geschwister da sind, durch die das Kind seine kommunikativen Kompetenzen erhöhen kann, versteht Rollin, dass Einzelkindeltern für ihr Kind mehr da sein müssen als andere Eltern. (Vgl. Rollin 1990, S.206f.)

Shen und Yuan arbeiten im College of Education an der Western Michigan University und sind im Zuge ihrer Untersuchung davon ausgegangen, dass Einzelkinder überbehüteter und verwöhnter aufwachsen als Geschwisterkinder, konnten mit ihrem Ergebnis diese Thesen allerdings nicht verifizieren. Die Annahme, „that only children are spoiled and have lower moral standards." (Shen und Yuan 1990, S.122) kann nicht bestätigt werden. Dornes (2012, S.307) zufolge kann der Eindruck, dass Einzelkinder verwöhnt werden, auch deswegen entstehen, weil Mütter ihr Kind im Elternhaus „'zu gut' versorgen" (Dornes 2012, S.307) und ihnen Aufgaben daheim ersparen. Diese Form des Komforts kann dazu führen, dass das Kind länger daheim wohnen bleibt. (Vgl. Shen und Yuan 1990, S.122)

7.1.7 Zwischen Überbehütung und Selbstständigkeit

Blöchinger bezieht sich auf eine Studie von Feiring und Lewis, die zeigt, dass sich Mütter ihrem Baby intensiver widmen, wenn sie wissen, dass es ein Einzelkind bleiben wird. Das zeigt sich darin, dass sie ihr Kind öfter liebkosen und mehr mit ihm sprechen. Allerdings hat die Studie nur bemerkt, dass es so ist und nicht warum dies der Fall ist. Es stellt sich die Frage, ob Einzelkinder bereits ab der Geburt überbehütet werden. Ein Grund für die besondere Zuwendung kann sein, dass die Mutter es bei ihrem einzigen Kind eben bewusst „besonders gut machen" (Blöchinger 2008, S.37) will. Blöchinger fügt hinzu, dass Einzelkinder in den ersten Monaten mehr schreien und weniger lachen als Geschwisterkinder. Nach einem Jahr verhalten sich Einzelkinder und Geschwisterkinder dann ziemlich gleich, jedoch unterscheiden sich die Mütter. Viele Einzelkindmütter verhalten sich nach einem Jahr immer noch gleich liebevoll wie zu Beginn und üben mehr „Körperkontakt" aus als Geschwisterkindermütter. Ob man das Verhalten in diesen ersten Monaten des Lebens als „Überbehütung" bezeichnen kann, ist jedoch fraglich. Vielmehr geht es darum, das Baby zu beruhigen und gewisse Triebe zu befriedigen, weil es das noch nicht selbst kann. „Überbehütung" ist es erst dann, wenn Eltern es dem Kind bewusst oder unbewusst „erschweren", Selbstständigkeit zu übernehmen. Dass Mütter beim ersten Kind noch unerfahren oder ängstlich sind, wie schnell sie handeln sollen, wenn das Kind nicht aufhört zu schreien, ist nachvollziehbar. Bei weiteren Kindern wird das irgendwann zur Routine und die Kinder merken bald, dass nicht immer sofort Hilfe kommt, wenn sie quengeln. Auch Einzelkinder lernen, dass Selbstständigkeit wichtig ist und werden häufig sogar zu autonomeren und eigenständigeren Personen, die normalerweise kein Bedürfnis verspüren, sich bei anderen „anlehnen" zu müssen. (Vgl. Blöchinger 2008, S.36ff.)

Für McGrath ist es so, dass einige Einzelkinder ihrer Meinung nach „under a magnifying glass" (McGrath 1989, S.49) großgezogen werden, wo gute Leistungen des Kindes als etwas außergewöhnlich Tolles und kleine Fehler als Katastrophe dargestellt werden. (Vgl. McGrath 1989, S.49) Dornes zufolge hat die dem Kind entgegengebrachte „wertschätzende Kommunikation" (Dornes 2012, S.303), die zu Selbstständigkeit führt, seine positiven und negativen Seiten. Ein Kind aus einer „partizipativen Familie" (Dornes 2012, S.303) zeigt in der Schule mehr Hingabe und Tatkraft. Wenn Eltern jedoch übertrieben großen Wert auf die Selbstständigkeit des Kindes legen und viel dafür investieren, dann kann gegenteilige Wirkung erzeugt werden und in die Situation münden, dass das Kind nicht in der Lage ist, sich selbst zu beschäftigen. (Vgl. Dornes 2012, S.303)

Der Sozialpsychologe Schachter wollte in den 50er Jahren der Frage nachgehen, ob das Klischee, „dass Einzelkinder unselbstständiger sind und eher die Unterstützung von anderen brauchen" (Blöchinger 2008, S.38) stimmt und führte daher ein Experiment durch. (Vgl. Blöchinger 2008, S.38) In seiner Untersuchung ging Schachter (1959) unter anderem davon aus, dass Einzelkinder in einer Angstsituation eher die Unterstützung von anderen benötigen, als Geschwisterkinder. Das Experiment basierte auf zwei verschiedenen Gegebenheiten. In beiden Gruppen waren Einzelkinder und Geschwisterkinder, die sich untereinander nicht kannten. Alle waren weibliche Psychologiestudentinnen und machten beim Experiment mit, um sich Punkte für Probandenstunden anrechnen zu dürfen. Einer Gruppe wurde gesagt, dass sie schmerzhafte Elektroschocks bekommen würden und der anderen Gruppe wurde mitgeteilt, dass sie diese leichten Elektroschocks nicht einmal spüren würden. Beide Gruppen durften nun entscheiden, ob sie die Zeit bis zum Experiment lieber allein oder in der Gruppe verbringen wollen, oder ob es ihnen egal ist. Nachdem sie ihre Wahl auf einem Zettel angekreuzt haben, hatten sie noch die Möglichkeit zu sagen, dass sie lieber ganz aussteigen möchten und in dem Fall keine Punkte erhalten. (Vgl. Schachter 1959, S.12-24.) Bei der Gruppe, wo man schmerzhafte Schocks ankündigte, wollten 67% der Einzelkinder lieber mit Kommilitoninnen auf das Experiment warten, hingegen nur 35% der Geschwisterkinder. Ob diese Zahlen Beweis dafür sind, dass Geschwisterlose in Angstsituationen ein größeres Anlehnungsbedürfnis zeigen, muss jedoch kritisch gesehen werden, denn wie bereits erwähnt, zeigen Einzelkinder generell ein größeres Sozialverhalten, daher muss nicht unbedingt die Angst der Grund gewesen sein. Bei der Frage, wie viele sich steigernde Elektroschocks sie bekommen, ist die klare Antwort, dass Einzelkinder und Erstgeborene nicht so viel Schmerz erdulden bzw. zulassen, wie Geschwisterkinder. 50% der Kinder mit Geschwistern trauten sich bis zum schmerzhaftesten Schock, hingegen nur 27% der Einzelkinder. Nichtsdestotrotz stellte man bei der Gruppe, der nur minimale Schocks prophezeit wurden, fest, dass sich Einzelkinder nahezu gleich verhalten haben, wie Geschwisterkinder. Die anfängliche These, dass Einzelkinder überbehütet werden und deswegen immer mehr Unterstützung brauchen und erwarten, kann also nicht verifiziert werden. (Vgl. Schachter 1959, S.44-49)

Auch eine Studie von Hyun und Falbo beschäftigt sich mit dieser Fragestellung. Um herauszufinden, ob Mütter von Einzelkindern tatsächlich mehr „attentiveness" und „overprotectiveness" zeigen, wurde mit Kindern mit und ohne Geschwister gearbeitet und außerdem wurde das Geschlecht berücksichtigt. Das Ergebnis zeigt, dass Einzelkindmütter zwar mehr Zeit haben, aber ihre Kinder daher trotzdem nicht überbehüteter werden und dass diesbezüglich auch das Geschlecht keine Rolle spielt. (Vgl. Hyun und Falbo 1999, S.158)

7.2 Vorurteile gegenüber Einzelkindern in Bezug auf Beeinträchtigungen im Kontakt mit anderen

Blöchinger spricht von „Du-Defiziten", die Einzelkindern zugeschrieben werden. Darunter wird die Fähigkeit eines Individuums verstanden, mit anderen Personen angemessen in Kontakt zu treten. Einzelkindern wird unterstellt, „eingebildet, liebesunfähig" (Blöchinger 2008, S.129) zu sein und außerdem wird ihnen nachgesagt, weniger einfühlsam zu sein und nicht streiten zu können. Es stellt sich die Frage, ob Einzelkinder wirklich anders mit Streit umgehen als Geschwisterkinder. (Vgl. Blöchinger 2008, S.129)

7.2.1 Unterscheiden sich Einzelkinder und Geschwisterkinder im Sozialverhalten und im Herausbilden einer Geschlechtsidentität?

Im Buch „The Psychology of Sex Differences" wird diskutiert, wovon das Verhalten des Kindes allgemein, egal ob Junge oder Mädchen, abhängt. „[T]he tendency for a child to orient toward adults is relatively independent of the tendency to orient toward age-mates." (Maccoby und Jacklin 1974, S.191)

Es wird also behauptet, dass sich ein Kind an Altersgenossen orientieren kann, obwohl es sich bereits nach den Eltern richtet. Das eine impliziert oder verhindert nicht das andere und umgekehrt. (Vgl. Maccoby und Jacklin 1974, S.191f.)

Nach dieser Definition würde das bedeuten, dass Einzelkinder sich nicht unbedingt mehr an den Eltern orientieren, nur weil sie keine Geschwister haben. Sie können sich gleichzeitig auch an Freunden und Nachbarskindern orientieren, so wie Geschwister sich eben am Bruder oder an der Schwester orientieren. McGrath zufolge trifft die Aussage „The kids across the street were like a second family" (McGrath 1989, S.106) auf viele Einzelkinder zu. (Vgl. McGrath 1989, S.106)

Die Psychologen Kitzmann et al. beschäftigten sich in ihrer Studie mit der Sozialkompetenz von Volksschulkinder. Sie stellten fest, dass Einzelkinder gleich viele Freundschaften und auch gleich gute Freundschaften hatten wie Geschwisterkinder. Obwohl sie zwar gleich viele Freunde und Freundinnen hatten, waren Einzelkinder unbeliebter. Daraus implizierten die Forscher und Forscherinnen, dass es an der mangelnden Sozialkompetenz der Geschwisterlosen liegen muss. Was man bei der Interpretation dieser Ergebnisse unbedingt berücksichtigen muss, ist die geringe Anzahl von 139 Kindern der Stichprobe und dass keine weiteren Faktoren, wie zum Beispiel die Erziehung der Eltern, miteinbezogen wurden. (Vgl. Kitzmann et al. 2002, S.5-11)

Die klinischen Psychologen Tavares et al. (2004, S.21) beschäftigten sich mit weiteren Faktoren des Sozialverhaltens von Einzelkindern, erst- und zweitgeborenen Geschwistern. Zu ihren Untersuchungskomponenten zählten u.a. das Verhalten gegenüber Freunden und Freundinnen, Mitschülern und Mitschülerinnen und Eltern, Begeisterung für Sportarten und der Verbrauch von illegalen Suchtmitteln, wo keine kennzeichnenden Differenzen festgestellt werden konnten. Bei weiteren Komponenten, wie dem Beginn des Interesses an Sexualität und Ausbildung der eigenen Geschlechtsidentität, zeigt sich folgender Unterschied: „the homosexual identity seems to be associated with a higher number of siblings" (Tavares et al. 2004, S.21). Während ein Mädchen bzw. Junge mit mehreren Geschwistern aufwächst und dadurch oft in gewisse Rollen gedrängt wird, hat das Einzelkind eine größere Freiheit, sich so auszubilden und zu orientieren, wie es möchte. McGrath spricht sogar von der „chance to escape role definition." (McGrath 1989, S. 138) Blöchinger (2008, S. 75) erwähnt, dass die Kinder einer Großfamilie häufig stereotype Aufgaben zu erledigen haben. So müssen die Buben beispielsweise im Winter Schnee schaufeln und die Mädchen haben Aufgaben wie beim Kochen zu helfen. Kasten (2007, S.85) fügt hinzu, dass bereits frühere Studien zeigen, dass „Einzelmädchen oft eine androgyne Geschlechtsrollenorientierung ausbilden" (Kasten 2007, S.85), da sie durch eine aufgeschlossene Erziehung weibliche Merkmale der Mutter und männliche Wesenszüge des Vaters aufnehmen können. Als weiteren Punkt nennt Blöchinger (2008, S.134), dass Einzelkinder öfter in Familien aufwachsen, die dem traditionellen Bild widersprechen. Einzelkinder haben häufiger als Geschwisterkinder geschiedene Eltern oder leben nur bei einem Elternteil.

McGrath zufolge wachsen Einzelkinder mit „aspirations that are both masculine and feminine" (McGrath 1989, S.152) auf, da sie die Erwartungen von beiden Elternteilen erfüllen müssen. McGrath bezieht sich auf eine Studie aus dem Jahr 1984 von Katz und Boswell, die die Geschlechterrollen in Einkindfamilien und Mehrkindfamilien verglichen hat. Einzelkindeltern machten sich weniger Sorgen um das Geschlecht als Mehrkindeltern. Allerdings zeigt sich auch bei Einzelkindeltern ein Unterschied, wenn es um „cross-sex play" ging. Mutter und Vater waren einem Einzelkindmädchen gegenüber sehr tolerant, wenn es sich mit mädchenuntypischen Dingen beschäftigte. Hingegen war es den Vätern nicht recht, wenn ihr Einzelkindjunge beispielsweise mit Puppen spielte, weil sie dadurch befürchteten, Buben zu „sissies" zu erziehen. (Vgl. Katz und Boswell, zit.n. McGrath 1989, S. 152f.)

7.2.2 Welche unterschiedlichen Auswirkungen haben innerfamiliäre Konflikte auf Einzelkinder im Vergleich mit Geschwisterkindern?

Kasten nennt ein Manko, das Einzelkinder betrifft, nämlich dass sie den Streitereien der Eltern meist alleine ausgeliefert sind und dadurch „stärker in Mitleidenschaft gezogen werden" (Kasten 2007, S.78). Es kommt vor, dass Eltern vom einzigen Kind erwarten, dass es Partei ergreifen und jeweils ein Elternteil im Kampf gegen den Partner oder die Partnerin unterstützen muss. Auch Scheidungen, Alkoholismus, Drogenabhängigkeit oder eine besorgniserregende Krankheit der Eltern zählen zu den „broken homes" Situationen und können für Kinder, noch ausgeprägter für Einzelkinder, eine schwere Last darstellen. Die These, dass es Geschwisterkinder in solchen Situationen vermutlich einfacher haben, kann nicht durchgängig bestätigt werden. Geschwister können auch eine weitere Last bedeuten, beispielsweise indem Brüder und Schwester nicht am gleichen Strang ziehen, sondern sich als Rivale oder Rivalinnen gegenüberstehen. Für das älteste Geschwister kommt außerdem noch dazu, dass es womöglich versucht, die Last an eigenen Problemen und Elternproblemen, von den Kleinen fernzuhalten. (Vgl. Kasten 2007, S.78)

Die Forschungen von den Psychologen Caya und Liem der untersuchten Geschwister besagen, dass ein familiärer Konflikt bereits erträglicher ist, wenn man weiß, dass man nicht allein in dieser Situation ist. Durch Gespräche und auch durch Witze muntern sich Geschwister gegenseitig auf. Einzelkinder können sich leider keine aufmunternden Worte von Geschwistern anhören und müssen daher versuchen, weitaus eigenständiger mit der Sache umgehen zu können. (Vgl. Caya und Liem 1998, S.332)

Dornes (2012, S.54) zufolge sehen einige Autoren und Autorinnen eine Scheidung als Gefahr für die kindliche Entwicklung und führen psychische Auffälligkeiten von Kindern darauf zurück, andere hingegen vertreten die Meinung, dass sich die negativen Konsequenzen der Scheidung nicht sofort zeigen, sondern sich die Probleme erst im Erwachsenenalter bemerkbar machen. Er bezeichnet dies als „Schläfereffekt", der sich zum Beispiel in Form von Angst eine Beziehung einzugehen oder zu beenden äußert.

McGrath (1989, S.53) berichtet von einer Studie von Denise Polit, die 110 Familien, mit Einzelkindern und Geschwisterkindern im Alter zwischen 10 und 12 Jahren, interviewte, bei denen die Scheidung drei Jahre zurück lag. Es zeigt sich, dass Einzelkinder, die nur bei einem Elternteil aufwuchsen, besser mit der Scheidung umgingen als Geschwisterkinder. Außerdem wurden Einzelkinder als „more independent, showed high self-esteem, and [...] more mature and empathetic [...] than children with siblings" (McGrath 1989, S.53) beschrieben.

7.2.3 Der „Familiy Relation Test"

Der US-amerikanische „Family Relation Test" versuchte die gefühlsmäßige Art und Intensität der Beziehungen von Kindern im Alter zwischen vier und fünf innerhalb der Familie zu erfassen, indem mit Pappfiguren, welche Familienmitglieder repräsentierten, gearbeitet wurde. Der Fragebogen unterteilte sich in fünf Bereiche, nämlich in „Positive, vom Kind ausgehende Gefühle" (S.401), „Negative, vom Kind ausgehende Gefühle" (S. 401), „Positive, vom Kind empfangene Gefühle" (S.401), „Negative, vom Kind empfangene Gefühle", und „Abhängigkeiten" (S.402). Mit diesen Skalen wurde u.a. ermittelt, von welchen Pappfiguren bzw. Familienmitgliedern das Kind am meisten positive/negative Gefühle empfängt. (Vgl. Beelmann und Schmidt 1999, S.400ff.)

Männliche Einzelkinder haben ihre Eltern mit mehr guten und schlechten Eigenschaften beschrieben als Geschwisterkinder, was auf eine Art der Abhängigkeit hindeutet. Auffallend ist auch, dass männliche Einzelkinder dem Vater mehr positive Merkmale zugeschrieben haben, als Geschwisterkinder. Auch die Beziehung zur Mutter schien ambivalenter zu sein. Bei weiblichen Einzelkindern ist es im Prinzip umgekehrt, sie beschrieben die Beziehung zur Mutter mit mehr positiven Items. Interessant ist auch, dass jene positiven Qualitäten, die weibliche und männliche Einzelkinder ihren Eltern zugeteilt haben, bei Geschwistern den Geschwistern zugeschrieben werden. (Vgl. Kasten 2007, S.94f.)

7.2.4 Sind Einzelkinder „liebesunfähig" (Blöchinger)?

Der Psychologe Beer sagt: „Viele Einzelkinder lassen sich lieben, aber sie können selbst nicht lieben." (Beer 2004, S.143) Weiters behauptet Beer, dass das Einzelkind selbstsüchtig beschaffen ist und immer wieder versucht, Liebe und somit Erfüllung zu finden, aber seine Suche nie erfolgreich ist, weil „wirkliche Liebe nicht in Befriedigung, sondern in Erwiderung gipfelt." (Beer 2004, S.143) Er ist Psychologe und begründet seine Thesen nicht mit wissenschaftlichen Studien, sondern stützt sich einzig und allein auf Erfahrungswerten der Einzelkinder, die zu ihm in die psychologische Praxis kommen. Aus diesem Grund sind seine Aussagen nicht als wissenschaftlich fundiert zu bewerten, weil sie weder objektiv, noch überprüfbar sind. (Vgl. Beer 2004, S.143f.)

Laut Blöchinger (2008, S.141f.) hat es die Wissenschaft bisher versäumt, die Liebesfähigkeit zu messen, weil so etwas wie Liebe kaum mit Messinstrumenten zu erforschen ist. Stattdessen stützt sich die Forschung auf Ausdrucksweisen dieses Phänomens, beispielsweise auf die „Ehetauglichkeit von Einzelkindern" (Blöchinger 2008, S.140). Die These, dass das Aufwachsen als Einzelkind eine schlechte Basis für Eheleben ist, weil man es nicht gewohnt ist, ihr Eigentum mit jemandem zu teilen, wird von der Psychologie dadurch ersetzt, dass nicht das Aufwachsen mit Geschwistern förderlich für ein gutes Eheleben ist, sondern die „Liebe, die Eltern den Kindern entgegenbringen und zueinander hegen" (Blöchinger 2008, S.141). Wenn ein Kind zu wenig elterliche Liebe erfährt, kann es sich darin äußern, dass es sich als Adoleszenter schwer tut, jemandem die Liebe zu geben, die es selbst vielleicht nie gespürt hat. Blöchinger revidiert Beers Annahme, dass Einzelkinder immer „auf der Suche nach Augenblicksintimität – nach emotionalen Reizen ohne Verstrickung und Abhängigkeit" (Beer 2004, S.143) sind, indem sie klar stellt, dass Geschwisterlose sehr großen Wert darauf legen, eine innige Beziehung zu Freunden aufzubauen (vgl. Blöchinger 2008, S.141).

Um an Daten über die Ehetauglichkeit zu kommen, vergleichen manche Forscher und Forscherinnen (z.B. John G. Claudy) die Vorstellungen der jungen Einzelkinder mit den tatsächlich eingetroffenen Gegebenheiten der erwachsengewordenen Einzelkinder. Blöchinger bezieht sich auf eine Feststellung von John G. Claudy, nämlich dass junge Geschwisterlose ein höheres Heiratsalter angaben, aber letztendlich doch gleichzeitig mit Geschwisterkindern die Eheschließung vollzogen haben. Eine weitere Forscherin im Bereich Birth-order namens Griffin untersuchte 2002, ob das Sprichwort, „Gegensätze ziehen sich an", stimmt. Ihre Ergebnisse zeigen, dass sich fast 70% der 2605 Einzelkinder einen Partner oder eine Partnerin ausgesucht haben, der selbst kein Einzelkind war. Allerdings stellte sie gleichzeitig klar, dass sowohl Einzelkinder mit Einzelkindpartnern- oder Partnerinnen, als auch Einzelkindern mit Geschwisterpartnern- oder Partnerinnen eine gleich glückliche Beziehung führen können. (Vgl. Blöchinger 2008, S.142f.)

7.2.5 Stimmt es, dass Einzelkinder konfliktunfähig sind?

„As a child, if I had a fight with someone, I went home. If I never saw them again, that was fine." (McGrath 1989, S.111)

Einzelkindern wird nachgesagt, dass sie nicht in der Lage sind sich durchzusetzen, weil sie aufgrund des Geschwistermangels nie die Erfahrung machen, bei einer Auseinandersetzung als Gewinner oder Verlierer hervorzugehen. Auch mit ihren Eltern können sie nicht üben, wie man einen Konflikt mit Altersgenossen austrägt. (Vgl. Blöchinger 2008, S.150f.) Dornes (2012, S.217) zufolge nehmen zwischenmenschliche Auseinandersetzungen unter anderem dann ab, wenn eine übertrieben enge Beziehung zur Mutter vorherrscht, oder die Eltern einem Streit mit dem Kind prinzipiell aus dem Weg gehen. Diese „Konfliktvermeidung" rührt aus einer elterlichen Denkweise, die die Autonomie des Kindes glorifiziert und das Ziel keine Streitereien zu erleben, anstrebt.

Die Konsequenz daraus ist, laut Mancillas (2006, S.272), dass Einzelkinder in der Volksschule manchmal gehänselt werden, weil sie bei Konfliktsituation nicht wissen, wie sie am besten reagieren sollen und dann „aggressives" Verhalten an den Tag legen. Ihnen fehlt die alltägliche Erfahrung mit gleichaltrigen Kindern. Ein Streit mit den Eltern kann nicht verglichen werden mit einem Streit mit Altersgenossen. Diesbezüglich haben Geschwisterkinder einen Vorteil, weil sie es gewohnt sind, gewisse Ressourcen der Familie zu erkämpfen. Nach McGrath (1989, S. 33) wissen Einzelkinder oft nicht, wie sie einen Streit vermeiden können und haben daher, wenn sich der Konflikt nicht irgendwie vermeiden lässt, drei Möglichkeiten: „freeze, run, or go for the jugular." (McGrath 1989, S.33), daher enden manche Konflikte eher gewalttätig.

Weil nach Blöchinger (2008, S.146-154) bei Streitereien keiner als Verlierer aus dem Rennen gehen will, greifen Kinder auf erlernte „Strategien" zurück. Bei Geschwisterkindern äußern sich diese darin, dass sie durch tägliches Üben herausfinden, wie Geschwister auf ein Verhalten reagieren, diese Erfahrung verarbeiten und Möglichkeiten finden, wie man am besten mit negativen Gefühlen umgeht. Bei vielen Einzelkindern ist das anders: Wenn sie sich nicht streiten wollen, dann müssen sie es meistens auch nicht. Im Gegensatz zu einem Streit mit dem Bruder oder der Schwester, kann es sich das Einzelkind eher erlauben, den Kontakt mit einem Freund tagelang zu vermeiden. Wenn sich ein Einzelkind für etwas entschuldigt oder sich zu versöhnen versucht, dann tut es das nicht, weil es das tun muss, sondern meist weil es wirklich will. Als eine herausfordernde „soziale Kompetenz" gilt die Fähigkeit, den eigenen Standpunkt nach außen hin zu vertreten und bei Widerstand zu versuchen, die eigenen Ansichten mitzuteilen und neutral zu erreichen. Das „Konfliktverhalten der Mutter" (Blöchinger 2008, S. 154), spielt eine entscheidende Rolle, wenn es darum geht, diese Kompetenz zu entwickeln und anzuwenden. Die Tendenz ist festzustellen, dass Einzelkinder ein „Harmoniebedürfnis" verspüren, weil sie es so aus dem Elternhaus gewohnt sind.

7.2.6 Sind Einzelkinder weniger empathisch als Geschwisterkinder?

Auch das Vorurteil, dass Einzelkinder weniger empathisch sind, wird damit begründet, dass Einzelkinder das Einfühlen nicht an Geschwistern üben können. Personen, die dieses Vorurteil vertreten, gehen also von der Annahme aus, dass man zahlreiche Situationen erleben muss, in denen man Einfühlen üben und lernen kann. Geschwisterkinder sind von Anfang an dabei, wenn einem Geschwisterteil etwas zustößt und sie dann entweder miterleben, wie die Eltern es trösten oder das Kind selbst diese Rolle übernimmt. (Vgl. Kasten 2007, S.95f.) Als passendes Beispiel erwähnt Bühler (1927, S.36), dass ein Neugeborenes sich nicht darum kümmert, wenn ein älteres Kind schreit. Ein Säugling im Alter von ungefähr zwei Monaten, merkt hingegen, dass mit dem Kind etwas nicht stimmt und weint sofort mit. Dadurch, dass es das Weinen des anderen Kindes hört, wird er an sein eigenes Weinen und den damit verbundenen Schmerzen oder Sorgen erinnert und kann in diesem Moment nicht wirklich zwischen eigenen und fremden Gefühlen differenzieren. Bühler nennt dieses Verhalten „Suggestion".

Das Einfühlungsvermögen bei Einzelkindern verbessert sich laut Kasten (2007, S.96) am besten dadurch, dass sie einen Vergleich mit notleidenden Personen ziehen können. Durch Reaktionen der Mutter oder des Vaters erlernen Einzelkinder, wie man den jeweiligen Zuständen begegnet. Eine weitere Möglichkeit ist die eigene Erfahrungsgrundlage. Wenn ein Kind zum Beispiel beobachtet, wie sich ein Freund oder ein Nachbar die Hand auf der Herdplatte verbrennt, dann wird es vermutlich Einfühlungsvermögen zeigen, wenn ihm das gleiche selbst schon einmal widerfahren ist. Es ist also in der Lage, den Schmerz zu verstehen und mitzufühlen. Einfühlungsvermögen wird in Studien oft in zwei Teile gegliedert. Einerseits „Empathie", also sofort intuitiv ein Gefühl zeigen auf einen Sachverhalt. „Die innere Welt [...] [des anderen] mit ihren ganz persönlichen Bedeutungen so zu verspüren, als wäre sie die eigene (doch ohne die Qualität des ‚als ob' zu verlieren), das ist Empathie" (Rogers 1983, S.216). Andererseits gibt es neben der Empathie noch die „Rollenübernahme" (Kasten 2007, S.96), das heißt, sich in die Lage einer anderen Person hineinzuversetzen. Bei Untersuchungen wurden den Versuchspersonen beispielsweise Bilder von notleidenden Menschen gezeigt und man hat ihre körperlichen Reaktionen gemessen, zu denen unter anderem die Atmung, der Pulsschlag und das Schwitzen zählen. Die beiden Psychiater Ernst und Angst haben in den 80er Jahren die komplette Forschung ausgewertet, wo es um Einfühlungsvermögen bei Einzelkindern und Geschwisterkindern geht und kamen zur Annahme, dass die Gegebenheit von Geschwistern das Einfühlungsvermögen eines Kindes nicht beeinflusst. (Vgl. Kasten 2007, S.95ff.)

7.3 Vorurteile gegenüber Einzelkindern in Bezug auf Defizite und Unterschiede im kognitiven Bereich im Vergleich mit Geschwisterkindern

Einzelkindern wird häufig unterstellt, dass sie durch den Geschwistermangel sprachlich und kognitiv benachteiligt sind, weil sie nicht von älteren Geschwistern lernen können. (Vgl. Kasten 2007, S.80)

7.3.1 Intelligenz und Konfluenzmodell

7.3.1.1 Zur Intelligenz

Der Terminus „Intelligenz" ist im alltäglichen Sprachgebrauch fest verankert, obwohl die Definition schwierig ist. Früher hätte man ein intelligentes Kind vielleicht dadurch beschrieben, dass es sich beim Lesen und Lernen leicht tut, oder einen klaren Verstand besitzt. Heutzutage wird Intelligenz nicht selten mit Geisteskraft gleichgesetzt. Piaget bezeichnet es als „Selbsthilfe zur Wiederherstellung eines kognitiven Gleichgewichtes." (Piaget zit. n. Kohnstamm 1990, S.198) Je intelligenter jemand ist, umso leichter schafft er es, ein Problem zu lösen. Die Frage, ob der Denkprozess bis zur Bewältigung des Problems oder das Resultat als Intelligenz bezeichnet wird, kommt bei IQ-Tests zum Tragen. Aus dem Grund, dass IQ-Tests meist nur die Resultate messen, muss man diesen mit Skepsis gegenüberstehen. (Vgl. Kohnstamm 1990, S.198f.)

Für Dornes (2001, S.106) ist Intelligenz auch ein „Schutzfaktor für die weitere [sozial-emotionale] Entwicklung." (Dornes 2001, S.106), weil sie einen erfolgreichen Schulabschluss und das damit verbundene Ansehen, das zu einem positiven Selbstwert beiträgt, begünstigt.

7.3.1.2 Das Konfluenzmodell der Intelligenzentwicklung nach Zajonc und Markus

Nach dem Konfluenzmodell der Intelligenzentwicklung vom Psychologen und Hochschullehrer an der Stanford University Robert Zajonc und seiner ebenfalls im sozialpsychologischen Bereich tätigen Frau Hazel Markus wird die Intelligenz einer Familie mit folgender Rechnung begründet: Sie gehen davon aus, dass Eltern ohne Kinder jeweils einen Intelligenzquotienten von 100 Punkten besitzen, also zusammen 200. Sobald das erste Kind, das noch keine Punkte besitzt, zur Welt kommt, muss das Intelligenzniveau neu berechnet werden, nämlich 100 plus 100 plus 0 aufgeteilt durch 3, das ergibt gerundet 67 Punkte. Je älter das Kind wird, umso höher steigt seine Intelligenz sowie das Intelligenzniveau der Familie. Wenn das zweite Kind geboren wird und das Erstgeborene ungefähr einen Wert von 40 hat, sieht die Rechnung so aus: 100 + 100 + 40+ 0)/4 = 60. Wenn ein drittes Kind zur Welt kommt, beträgt der Wert nur noch 56. Diese Berechnungen können geradlinig fortgesetzt werden. Die Implikation von ihrem Ansatz ist, dass je später ein Kind in der Geschwisterreihenfolge zur Welt kommt, umso schlechter ist das Intelligenzniveau der Familie, in die es hineingeboren wird. Infolgedessen befindet sich das Einzelkind in der günstigsten Position. (Vgl. Zajonc und Markus, S. 76f.)

Auch wenn dieses Modell bereits des Öfteren ausgezeichnet wurde, bleibt es laut Kasten (2007, S.79ff.) diskutabel und man muss Sonderfälle berücksichtigen.

Je mehr Kinder eine Familie hat, umso weniger Geld für die Aus- und Weiterbildung steht ihr im Durchschnitt pro Kind zur Verfügung. Des Weiteren nehmen auch psychologische Komponenten einen gravierenden Platz ein. Die elterliche Erziehung, die Beziehung des Kindes zu beiden Elternteilen, das Verhältnis der Eltern miteinander und Kontakte zu Freunden, Freundinnen und Verwandten müssen für eine richtige Voraussage im Einzelfall mit in Betracht gezogen werden. Überdies wird der „Tutoreneffekt" erwähnt, bei dem zwei Geschwister voneinander profitieren, indem das Jüngere durch Anweisungen des Älteren lernt, und das Ältere gleichzeitig aus der Tätigkeit des Selbst-Unterrichtens einen Nutzen daraus zieht. Da Einzelkinder keine Geschwister haben, sondern nur Eltern, von denen sie innerfamiliär etwas lernen können, wird ihnen manchmal ein Mangel unterstellt. Allerdings können Einzelkinder diese kindlichen „Ratschläge" in Bezug auf Sprache und Sozialverhalten auch dadurch erlernen, indem sie gute Beziehungen zu gleichaltrigen Verwandten und Bekannten pflegen.

Kohnstamm (1990, S.102) weist darauf hin, dass der Mangel von Geschwistern in Hinsicht auf den Lernprozess kein Problem darstellt, denn sie behauptet sogar, dass Einzelkinder in „jeder Phase ihrer Entwicklung schon weiter sind" (Kohnstamm 1990, S.102) als Geschwisterkinder. Diese These wird damit begründet, dass Einzelkinder nicht Geschwister, sondern Eltern als Konkurrenten haben. Einzelkinder versuchen daher gleich fleißig und geschickt zu werden, wie die Eltern es sind, um sich mit ihnen messen zu können. Aus diesem Grund werden viele Kinder ohne Geschwister, laut Kohnstamm, beträchtlich „eifrig und artig." (Kohnstamm 1990, S.102)

1960 startete die Umfrageforschung „Project TALENT", die sich mit den „attitudes, abilities, and achievements of 4,5 percent" (McGrath 1989, S.78) von über 400.000 American Highschool Studenten beschäftigte und nach einem, fünf und elf Jahren wiederholt wurde. Eigentlich war die Studie nicht speziell für Einzelkinder ausgerichtet, jedoch zählt sie McGrath zufolge zu den verlässlichsten Informationen über Einzelkinder, weil alle Kinder, mit und ohne Geschwister, aus traditionellen Familien mit Mutter und Vater kamen und gleiche milieuspezifische Bedingungen hatten. Im Vergleich zu Geschwisterkindern haben Einzelkinder in 25 von 32 kognitiven Tests besser abgeschnitten. (Vgl. McGrath 1989, S. 78f.)

7.3.2 Anstrengung und Erfolg

Das Zentralinstitut für seelische Gesundheit in Mannheim führte 1985 eine Studie mit rund 400 Kindern im Alter von 8 Jahren, bestehend aus Einzel-und Geschwisterkindern, durch und wiederholte diese Untersuchung, als diese Kinder das 13. Lebensjahr erreicht hatten. In der seelischen und sozialen Entwicklung entdeckte man keine Unterschiede, allerdings wurde festgestellt, dass Einzelkinder im Intelligenzbereich besser abgeschnitten haben. (Vgl. Rollin 1990, S.132) Auch die Studie von Polit und Falbo kommt zum Ergebnis, dass die deutlichsten Unterschiede zwischen Einzel-und Geschwisterkindern in der Motivation der Einzelkinder liegen. (Vgl. Polit und Falbo 1987, S.318)

Interessant ist nun, der Frage nachzugehen, warum das so ist.

Rollin (1990, S.134f.) lenkt den Fokus auf die Erfahrungen, die ein Einzelkind im Laufe seines Aufwachsens macht und ein Geschwisterkind nicht macht. Leistung und Erfolg sind nämlich nicht nur den Einzelkindern wichtig, sondern auch ihren Eltern. Rollin erklärt anhand von vier Gruppen von Einzelkindern die jeweiligen Gründe für erhöhte „Leistungsmotivation". Die erste Gruppe begründet diese damit, dass sie versuchen den elterlichen Erwartungen gerecht zu werden. Die zweite Einzelkindgruppe wird nicht von den Eltern dazu gedrillt, Leistung zu erbringen, sondern will selbst schnellstmöglich erwachsen werden und den Eltern somit nicht mehr unterlegen sein. Die dritte Gruppe wird deswegen schneller zu Erwachsenen, weil die Eltern es nicht schaffen, ihnen zu zeigen, wie man ein Kind bleibt. Die vierte Gruppe übernimmt deswegen oft die Führungsposition, weil Einzelkinder in ihrem kindlichen Spiel häufig allein sind und daher die Rolle eines „Held[en]" üben, der sich allein durchsetzt. Dies spielen sie nicht nur, sondern verkörpern sie auch im wirklichen Leben.

7.3.3 Welche Unterschiede zwischen Einzelkindern und Geschwisterkindern gibt es in der Sprachentwicklung?

Bei der kindlichen Sprachentwicklung sind vier wesentliche Ebenen in Betracht zu ziehen, nämlich die „phonetische" [=Lautbildung], „semantische" [=Bedeutung], „syntaktische" [=Satzbau] und „morphologische" [Konjugieren und Deklinieren] (Kohnstamm 1990, S.175) Entwicklung. Untersuchungen, die die Sprachentwicklung testen, umfassen selten große Stichproben, aber man versucht die Testpersonen dennoch so auszuwählen, dass daraus verallgemeinbare Implikationen gewonnen werden können. (Vgl. Kasten 2007, S.82)

Der Forscher Werner Deutsch untersuchte beispielsweise, wie sich das „Ich" und das „Selbst" bei Kindern herausbildet. Sobald ein Kind nämlich mit „Ich" über sich selbst spricht, hat es verstanden, dass es ein von der Mutter unabhängiges, eigenes Individuum ist. Die Erkenntnis, selbst ein „Ich" zu sein und die Mutter als „Du" zu bezeichnen, wird als „Meilenstein in der kindlichen Sprachentwicklung" gesehen. Man testete 27 Einzelkinder, 20 Geschwisterkinder und 46 Zwillingskinder, die alle unter 2 Jahre alt waren. Die Ergebnisse zeigen, dass Geschwisterkinder im Vergleich mit Einzelkindern bei der Entwicklung des „Selbstkonzept[s]" signifikant früher erlernen, das „Ich" und das „Du" richtig zu gebrauchen und ihre Sprache dadurch rascher mit der Regelsprache abstimmen. Das kann damit erklärt werden, dass ältere Kinder sich von jüngeren abheben wollen und dadurch besonders auf die fehlerfreie Benutzung dieser Personalpronomen achten; dadurch können die Jüngeren von Älteren lernen.

Es bedeutet jedoch nicht, dass sich „Einzel- von Geschwisterkinder […] im Hinblick auf ihre allgemeine kognitive Entwicklung unterscheiden." (Kasten 2007, S. 83)

Auch zum Wortschatz wurden Tests von einem mexikanischen Forscherteam durchgeführt. 1342 Kinder hatten die Chance, sich mit gleichaltrigen Kindern aus eigenem Antrieb zu unterhalten. Einzelkinder und Erstgeborene wiesen in diesem Experiment durchschnittlich einen größeren Wortschatz auf als Kinder mit Geschwistern. Dieses Resultat lässt sich wahrscheinlich dadurch begründen, dass

Eltern bei einem einzigen Kind eher die Möglichkeit haben, viel Zeit und Geld in gezielte Förderung zu investieren, als bei mehreren Kindern und dass Einzelkinder sich insgesamt mehr am Sprachbild der Eltern orientieren. (Vgl. Kasten 2007, S.82f.) Da die Hauptbezugspersonen von Einzelkindern meistens hauptsächlich Erwachsene sind, schauen sich diese Kinder eher deren „language patterns" ab, ahmen sie nach und lernen dadurch in vielen Fällen schneller lesen und schreiben. Aus demselben Grund haben Einzelkinder auch bessere motorische Kompetenzen. (Vgl. McGrath 1989, S.77)

8. Welche Rolle spielt die Peergroup für Einzelkinder?

Es stellt sich die Frage, wie Einzelkinder Selbstständigkeit entwickeln und wie sie lernen mit Konkurrenz umzugehen, wenn sie den Moment der „Entthronung" und die Rivalität mit Geschwistern nie durchleben. Die Entwicklung eines Kindes hängt nicht nur von eventuell vorhandenen Geschwistern ab, sondern ebenso von Umwelteinflüssen außerhalb der Ursprungsfamilie. Wie bereits ausgeführt, sind Kinder heute oft schon im Kleinkindalter in Kindertageseinrichtungen untergebracht und pflegen dadurch schon sehr früh Kontakt mit Altersgenossen, die auch um die Aufmerksamkeit von Pädagogen und Pädagoginnen buhlen. Somit erfolgt bei Einzelkindern auch eine gewisse Art der „Entthronung":

„Sie werden nicht von Geschwistern ‚entthront', sondern von Gleichaltrigen." (Blöchinger 2008, S.46) Dieses Erlebnis wirkt sich positiv auf die kindliche Entwicklung des Einzelkindes aus, da sie als Erkenntnis, dass man nicht immer im Mittelpunkt stehen kann, verstanden werden kann. Denn wenn Kinder die Situation gewohnt sind, eher im Zentrum der Aufmerksamkeit ihrer Eltern zu stehen, kann es leicht zu Enttäuschungen kommen, da sie sich tendenziell von anderen Personen dieselbe Beachtung erwarten, diese jedoch üblicherweise nicht im selben Maße erhalten. Vielleicht erklärt sich auch dadurch die Tendenz mancher Einzelkinder lieber dyadische Beziehungsmuster („der beste Freund/die beste Freundin") aufzusuchen, als triadische (z.B. in einem Dreiergespann unterwegs zu sein). (Vgl. Blöchinger 2008, S.45-48)

Nach Dornes (2012, S.191-197) sind Beziehungen zu Gleichaltrigen nicht nur dafür da, um eine angenehme Zeit zu verbringen, sondern sie haben auch eine „Sozialisationsfunktion". Dazu gehören sowohl das Einüben von Regeln im Alltag und in einer zwischenmenschlichen Beziehung, als auch die Fähigkeit, seinen eigenen Standpunkt zu begründen und durchzusetzen. Nach Eisenstadt (1956, zit. n. Dornes 2012, S. 192) können „die Fähigkeiten Kooperation und Gegenseitigkeit" eben nur durch Gleichaltrige erlernt werden, weil die Beziehung zu den Eltern „emotional zu belastet" ist. Allerdings wird seine Auffassung kritisiert, weil man mit Altersgenossen unverbundenere Beziehungen führt als mit den Eltern und daher bei Unstimmigkeiten einfach den Kontakt abbrechen kann. Diese Möglichkeit sei keine gute Voraussetzung für das Einüben der genannten Fähigkeit. Untersuchungen der Jugendforschung zeigen jedoch, dass Eltern stark die ethischen Einstellungen und die Karrierepläne ihres Kindes beeinflussen, Peers hingegen mehr wie Idole wirken, von denen sich ein Kind abschauen kann, wie man freundschaftliche Beziehungen aufbaut und wie man sich bei speziellen

Aktivitäten am besten verhält. Wenn man sich nun die Frage stellt, ob Einzelkinder Altersgenossen brauchen, um bestimmte Verhaltensweisen und Verhaltensmuster erlernen zu können bzw. ob diese die Entwicklung der Persönlichkeit generell beeinflussen, so ist festzuhalten, dass „Gleichaltrigen- und Freundschaftsbeziehungen generell vorhandene Verhaltensdispositionen (mäßig) verstärken oder abschwächen, nicht aber hervorbringen." (Salisch 2000, zit.n. Dornes 2012, S. 197)

9. Fazit

Diverse Studien über Einzelkinder zeigen, dass sich die unterstellten Vorurteile nicht alle bestätigen lassen. Es zeigt sich, dass Einzelkinder durch ihren oft vermehrten Eifer meist einen besseren Schulabschluss erzielen und einen größeren Wortschatz besitzen, da sie sich hauptsächlich an der Sprache der Eltern orientieren. Vorausgesetzt wird hier jedoch, dass die Eltern bereits ein gewisses Sprachniveau beherrschen. Einzelkinder gehen tendenziell einem Streit lieber aus dem Weg oder bevorzugen die Versöhnung. Weil sie bei Konfliktsituationen dazu neigen, sich zurück zu ziehen, passiv oder eher aggressiv zu reagieren, werden sie von Mitschülern und Mitschülerinnen in der Volksschule manchmal als weniger sozial angesehen. Allerdings wurde diese Unsicherheit bei Konflikten nur an Einzelkindern bis zum Schulalter überprüft. Für zukünftige Forschungen wäre interessant, wie sich ältere Einzelkinder in Streitsituationen an der Universität, in der Partnerschaft oder im Berufsleben verhalten. (Vgl. Blöchinger 2008, S.204f.)

Kasten (2007, S.109) erwähnt, dass Einzelkinder eher dann Entwicklungs- oder Verhaltensauffälligkeiten entwickeln, wenn das Milieu diese fördert. Dazu zählen unter anderem der Heimatort, die finanzielle Situation, das Bildungsniveau der Eltern und die gesellschaftliche Stellung der Familie. Die Studien von Ernst und Angst bestätigen, dass diese genannten Punkte viel ausschlaggebender sind für die Entwicklung von Persönlichkeitseigenschaften, als die Tatsache, ob ein Kind Geschwister hat oder nicht.

„Um Vorurteile abzubauen, genügt es nicht, Vorurteile zu widerlegen" (Ostermann und Nicklas 1976, S.36) Dadurch, dass man Studienergebnisse und Informationen liefert, die das Gegenteil der Vorurteile darlegen, schafft man es nicht bei allen Leuten, Vorurteile zu entkräften, sondern nur bei denen, die diese Vorurteile nicht als Teil ihrer eigenen „Persönlichkeitstruktur" (Ostermann und Nicklas 1976, S.38) betrachten. Bei jenen, deren Individualität bereits mit den Vorurteilen verstrickt ist, können Vorurteile nur dadurch umgeformt werden, indem „das ganze Lebensmuster geändert" (Allport 1971, S.410) wird.

Somit kann die Haupthypothese dieser Arbeit, dass Einzelkinder aus ihrer Situation sehr wohl positiv gestärkt ins weitere Leben schreiten können und nicht automatisch alle von ihnen erwarteten Klischees erfüllen, verifiziert werden.

„Es gibt viele gescheite Leute auf der Welt, und manchmal haben sie recht. Ob sie recht haben, wenn sie behaupten, Kinder sollten unbedingt Geschwister haben, nur weil sie sonst zu allein aufwüchsen, verzärtelt würden und fürs ganze Leben Eigenbrötler blieben, weiß ich nicht. Auch gescheite Leute sollten sich vor Verallgemeinerungen hüten. Zweimal zwei ist immer und überall vier [...]Doch bei manchen anderen Behauptungen liegen die Dinge anders. Der Mensch ist kein Rechenexempel. Was auf den kleinen Fritz zutrifft, muß bei dem kleinen Karl nicht stimmen. Ich blieb das einzige Kind meiner Eltern und war damit völlig einverstanden." (Kästner 1969, S. 91)

10. Literaturverzeichnis

Allport, Gordon W. (1971): Die Natur des Vorurteils. Köln: Verlag Kiepenheuer & Witsch.

Asher, S.R. und Wheeler, V.A. (1984): Children's loneliness: A comparison of rejected and neglected peer status. Journal of Consulting and Clinical Psychology, Vol 53, S. 500-505.

Adler, Alfred (1973): Der Sinn des Lebens. Lizenzausgabe. Frankfurt am Main: Fischer Verlag.

Adler, Alfred (1999): Wozu leben wir? 10. Auflage. Frankfurt am Main: Fischer Verlag.

Artl, Norbert (2009): Einzelkind. Privileg oder Schicksal. 2. Auflage. Dörfles: Renate Götz Verlag.

Beck-Gernsheim, Elisabeth (1988): Die Kinderfrage: Frauen zwischen Kinderwunsch und Unabhängigkeit. Originalausgabe. München: C.H. Beck.

Beck-Gernsheim, Elisabeth (2006): Die Kinderfrage heute. Über Frauenleben, Kinderwunsch und Geburtenrückgang. Originalausgabe. München: C.H. Beck.

Beck, Ulrich (1986): Risikogesellschaft. Auf dem Weg in eine andere Moderne. Erstausgabe. Frankfurt am Main: Suhrkamp Verlag.

Beelmann, Wolfgang; Schmidt-Denter, Ulrich (1999): Normierung der deutschsprachigen Fassung des Familiy Relation Tests (FRT) für Kinder von vier bis fünf Jahren. In: Praxis der Kinderpsychologie und Kinderpsychiatrie 48, S. 399-410.

Beer, Ulrich (2004): Nur ein Kind! Auf dem Weg zur Ego-Gesellschaft? 2. Auflage. Herzbolzheim: Centaurus.

Bergler, Reinhold (1976): Vorurteile- erkennen, verstehen, korrigieren. Köln: Deutscher Institutsverlag GmbH.

Blake, Judith (1981): The Only Child in America: Prejudice versus Performance. In: Population and Development Review, Vol.7, No. 1, S.43-54.

Blake, Judith (1989): Family Size and Achievement. Berkley: University of California Press.

Blöchinger, Brigitte (2008): Lob des Einzelkindes. Das Ende aller Vorurteile. Originalausgabe. Frankfurt am Main: Krüger Verlag.

Bühler, Charlotte M. (1927): Soziologische und psychologische Studien über das erste Lebensjahr. Jena: Verlag von Gustav Fischer.

Caya, M.L. und Liem, J.H. (1998): The role of sibling support in high-conflict families. In: American Journal of Orthopsychiatry, 68 (2), 327-333/ GWV Fachverlage GmbH.

Der Standard (2015): China schafft Ein-Kind-Politik ab. Verfügbar unter: http://derstandard.at/2000024727283/China-schafft-Ein-Kind-Politk-ab (Stand 10.11.15)

Dornes, Martin (2001): Die emotionale Welt des Kindes. Originalausgabe, 2. Auflage. Frankfurt am Main: Fischer Taschenbuch Verlag GmbH.

Dornes, Martin (2012): Die Modernisierung der Seele. Kind – Familie –Gesellschaft. Originalausgabe. Frankfurt am Main: Fischer Verlag GmbH.

Esch K., Mezger E. und Stöbe-Blossey S. (2005): Kinderbetreuung- Dienstleistung für Kinder. Handlungsfelder und Perspektiven. 1. Auflage. Wiesbaden: VS Verlag für Sozialwissenschaften/GWV Fachverlage GmbH.

Frick, Jürg (2001): Die Droge Verwöhnung: Beispiele, Folgen, Alternativen. 1. Auflage. Bern [u.a.]: Verlag Hans Huber.

Geserick, Christine (2012): Wussten Sie, dass es keinen Trend zum Einzelkind gibt? In: Beziehungsweise, November 2012, S. 5.

Hofer, Manfred; Wild, Elke und Noack, Peter (2002): Lehrbuch Familienbeziehungen: Eltern und Kinder in der Entwicklung. 2. Auflage. Göttingen [u.a.]: Hogrefe, Verlag für Psychologie.

Hyun-Sim, Doh; Toni, Falbo (1999): Social Competence, Maternal Attentiveness, and Overprotectiveness: Only Children in Korea. In: International Journal of Behavioral Development, Vol.23 (1), S. 149-162.

Inter-Kultur und Didaktik (2009): Stereotype und Vorurteile: Definition Stereotypen. Verfügbar unter: http://www.ikud-seminare.de/veroeffentlichungen/interkulturelles-lernen-stereotype-und-vorurteile.html (Stand 14.01.16)

Kasten, Hartmut (2007): Einzelkinder und ihre Familien. Göttingen [u.a]: Hogrefe Verlag GmbH & Co. KG.

Kästner, Erich (1957): Als ich ein kleiner Junge war. In: Kästner für Erwachsene. Zürich, Atrium-Verlag.

Kästner, Erich (1969): Als ich ein kleiner Junge war. in: Erich Kästner: Gesammelte Schriften für Erwachsene, Bd.4, München/Zürich: Atrium Verlag.

Kitzmann, K.M., Cohen, R. und Lockwood, R.L. (2002): Are only children missing out? Comparison of the peer-related social competence of only children and siblings. In: Journal of Social and Personal Relationships, Vol.19 (3), S. 299-316. Sage Publications

Kohnstamm, Rita (1990): Praktische Kinderpsychologie. Die ersten 7 Jahre. Eine Einführung für Eltern, Erzieher und Lehrer. Mit einer Einleitung von Hans Aebli. 3. Auflage. Bern [u.a]: Verlag Hans Huber.

Maccoby, E.E. und Jacklin, C.N. (1974): The Psychology of Sex Differences. Stanford/California: Stanford University Press.

Ostermann, Änne; Nicklas, Hans (1976): Vorurteile und Feindbilder. 1. Auflage. München, Berlin, Wien: Urban & Schwarzenberg.

Mancillas, Adriean (2006): Challenging the Stereotypes About Only Children: A Review of the Literature and Implications for Practice. In: Journal of Counseling and Development, Vol 3(2), Summer 2006. S. 268-275.

Marleau, J.D.; Breton, J.-J.; Chiniara, G. und Saucier. J.-F. (2004): Differences between only children and children with 1 sibling referred to a psychiatric clinik: A test of Richards and Goodmans's findings. In: Canadian Journal of Psychiatry, 49, S. 272-277.

McGrath, Ellie (1989): My one and only. The special experience of the only child. 1. Auflage. New York: William Morrow and Company.

Miller, Alice (1979): Das Drama des begabten Kindes und die Suche nach dem wahren Selbst. Frankfurt am Main: Suhrkamp Verlag.

ORF (2015): Künftig zwei Kinder erlaubt. Verfügbar unter: http://orf.at/stories/2306823/ (Stand 10.11.15)

Piaget, Jean (1995): Intelligenz und Affektivität in der Entwicklung des Kindes. 1. Auflage. Frankfurt am Main: Suhrkamp Verlag.

Polit, Denise F.; Falbo, Toni (1987): Only children and Personality Development: A Quantitative Review. In: Journal of Marriage and Family, Vol. 49 (2), S. 309-325.

Rille-Pfeiffer, Christiane; Kaindl, Markus; Klepp, Doris und Fröhlich, Elisabeth (2009): Der Übergang zur Dreikind-Familie. Eine qualitative Untersuchung von Paaren mit zwei und drei Kindern. Wien: Österreichisches Institut für Familienforschung.

Rogers, Carl.R (1983): Therapeut und Klient. Grundlagen der Gesprächspsychotherapie. Frankfurt am Main: Fischer Taschenbuch Verlag GmbH.

Rollin, Marion (1990): Typisch Einzelkind. Das Ende eines Vorurteils. 1. Auflage. Hamburg: Hoffmann und Campe.

Sandler, Lauren (2010): 'One and Done. (cover story)', Time, 176, 3, pp. 34-41, Business Source Premier, EBSCOhost, viewed 18 November 2015.

Saß, Henning; Wittchen, Hans-Ulrich und Zaudig, Michael (1998): Diagnostisches und Statistisches Manual Psychischer Störungen. DSM-IV. 2. Auflage. Göttingen [u.a]: Hogrefe-Verlag.

Schärer, Ann (1994): Einzelkinder. Besonderheiten und Chancen. In: Freidenker, Band 77, Heft 11.

Schon, Lothar (1995): Entwicklung des Beziehungsdreiecks Vater-Mutter-Kind: Triangulierung als lebenslanger Prozess. Stuttgart [u.a]: Kohlhammer.

Shen, Jianping; Yuan, Bao-Jane (1999): Moral values of only and sibling children in mainland China. In: Journal of Psychology: Interdisciplinary and Applied, Vol 133(1), S. 115-124.

Stewart, Alan E. (2004): Can Knowledge of Client Birth Order Bias Clinical Judgement? In: Journal of Counseling & Development, Vol 82, S. 167-176.

Tavares, M.B; Fuchs, F.C. und Diligenti F., de Abreu, J.R.P., Rohde, L.A. und Fuchs, S.C. (2004): Behavioral characteristics of the only child vs. firstborn and children with siblings. Rev Brasilia, 26(1): S. 16-22.

Toman, Walter (2005): Familienkonstellationen. Ihr Einfluss auf den Menschen. 8.Auflage. München: C.H.Beck.

Toman, Walter (1987): Familienkonstellationen. Ihr Einfluß auf den Menschen. 4. Auflage. München: C.H.Beck.

Veenhoven, R. und Verkuyten, M. (1989): The well-being of only children. In: Adolescence, Vol.24, S. 155-166.

Zajonc, R.B. und Markus, G.B. (1975): Birth order and intellectual development. Psychological Review, Vol. 82, S. 74-88.

Zöllner, Ulrike (1994): Die Kinder vom Zürichberg. Was macht der Wohlstand aus unseren Kindern? 1. Auflage. Zürich: Kreuz AG Verlag Zürich.

ZEIT ONLINE (2015): China beendet Ein-Kind-Politik. AFP, dpa, stü: Verfügbar unter: http://www.zeit.de/gesellschaft/zeitgeschehen/2015-10/china-ein-kind-politik-abschaffung. (Stand 6.11.2015)

Abbildungsverzeichnis

Abb.01: Geserick, Christine, Verfügbar unter: http://www.oif.ac.at/service/zeitschrift_beziehungsweise/detail/?tx_ttnews[tt_news]=2505&cHash=064073ae670f62686471f722e316cdf4 (Stand 11.01.2016)